CÓDIGO
DO PROCEDIMENTO ADMINISTRATIVO

CÓDIGO
DO PROCEDIMENTO ADMINISTRATIVO

CÓDIGO
DO PROCEDIMENTO ADMINISTRATIVO

CÓDIGO DO PROCEDIMENTO ADMINISTRATIVO

EDITOR
EDIÇÕES ALMEDINA, SA
Rua da Estrela, n.º 6
3000-161 Coimbra
Tel.: 239 851 904
Fax: 239 851 901
www.almedina.net
editora@almedina.net

EXECUÇÃO GRÁFICA
G.C. – GRÁFICA DE COIMBRA, LDA.
Palheira – Assafarge
3001-453 Coimbra
producao@graficadecoimbra.pt

Junho, 2005

DEPÓSITO LEGAL
188822/02

Toda a reprodução desta obra, por fotocópia ou outro qualquer processo,
sem prévia autorização escrita do Editor,
é ilícita e passível de procedimento judicial contra o infractor.

Decreto-Lei n.º 442/91
de 15 de Novembro

1. O incremento constante das tarefas que à Administração Pública portuguesa cabe realizar nos mais diversos sectores da vida colectiva bem como a necessidade de reforçar a eficiência do seu agir e de garantir a participação dos cidadãos nas decisões que lhes digam respeito têm vindo a fazer sentir cada vez mais a necessidade de elaboração de uma disciplina geral do procedimento administrativo.

A Constituição de 1976, indo ao encontro do desejo generalizado de muitos especialistas e práticos, veio dispor no artigo 268.º, n.º 3, que "o processamento da actividade administrativa será objecto de lei especial, que assegurará a racionalização dos meios a utilizar pelos serviços e a participação dos cidadãos na formação das decisões ou deliberações que lhes disserem respeito".

Foi em cumprimento desse preceito constitucional – hoje o artigo 267.º, n.º 4 – e dos objectivos que há muito vinham sendo definidos que se elaborou o presente Código do Procedimento Administrativo.

2. Na elaboração deste Código teve-se em conta os ensinamentos do direito comparado e a larga experiência que já se pode colher da aplicação de leis de procedimento administrativo em países com sistemas político-administrativos tão diferentes como a Áustria, os Estados Unidos da América, a Espanha, a Jugoslávia e a Polónia, para apenas citar alguns dos mais importantes sob este ponto de vista. Particular atenção mereceu a Lei do Procedimento Administrativo da República Federal da Alemanha, publicada em 1976, e a riquíssima elaboração doutrinal a que deu lugar.

Foi, porém, na doutrina e na jurisprudência portuguesas que se recolheram, de maneira decisiva, muitas das soluções adoptadas, devendo igualmente mencionar-se os projectos anteriormente elaborados, que serviram como trabalhos preparatórios indispensáveis.

A primeira versão do projecto, com data de 1980, foi entretanto submetida a ampla discussão pública, em resultado da qual foi elaborada em 1982 uma segunda versão.

Finalmente em 1987 o Governo incumbiu um grupo de especialistas de preparar uma terceira versão.

É o resultado desse trabalho que constitui o presente diploma, tendo o texto sido ainda objecto de ajustamentos introduzidos após a audição dos diferentes departamentos ministeriais. Além disso, e muito embora a Assembleia da República não tenha apreciado o projecto na especialidade no âmbito do processo de concessão de autorização legislativa, ainda assim foi possível encontrar soluções de consenso que constituem aperfeiçoamentos da redacção final.

3. Nas primeiras versões do projecto deste diploma adoptava-se a designação tradicional entre nós de "processo administrativo gracioso"; a final perfilhou-se a designação mais moderna e mais rigorosa de "procedimento administrativo".

A nova nomenclatura é utilizada não tanto por razões teóricas como sobretudo por razões práticas, uma vez que se afigura ser mais facilmente compreensível para o grande público a noção de procedimento administrativo. Trata-se, no fundo, de regular juridicamente o modo de proceder da Administração perante os particulares. Daí a designação de Código do Procedimento Administrativo.

4. Um Código do Procedimento Administrativo visa sempre, fundamentalmente, alcançar cinco objectivos:

a) Disciplinar a organização e o funcionamento da Administração Pública, procurando racionalizar a actividade dos serviços;

b) Regular a formação da vontade da Administração, por forma a que sejam tomadas decisões justas, legais, úteis e oportunas;

c) Assegurar a informação dos interessados e a sua participação na formação das decisões que lhes digam directamente respeito;

d) Salvaguardar em geral a transparência da acção administrativa e o respeito pelos direitos e interesses legítimos dos cidadãos;

e) Evitar a burocratização e aproximar os serviços públicos das populações.

Até aqui, apesar de uma lei do procedimento administrativo haver sido prometida por sucessivos governos desde o já longínquo ano de

Decreto-Lei n.º 442/91   7

1962, nem a Administração conhecia com rigor os seus deveres para com os particulares no decurso dos procedimentos administrativos por ela levados a cabo, nem os cidadãos sabiam com clareza quais os seus direitos perante a Administração Pública.

A partir de agora, e em virtude da elaboração deste Código, tanto o cidadão comum como os órgãos e funcionários da Administração passam a dispor de um diploma onde se condensa, em linguagem clara e que se julga acessível, o que de essencial têm de saber para pautar a sua conduta por forma correcta e para conhecerem os seus direitos e deveres uns para com os outros.

5. O âmbito de aplicação das disposições do Código do Procedimento Administrativo abrange todos os órgãos da Administração Pública que estabeleçam relações com os particulares, no desempenho da sua actividade de gestão pública (artigo 2.º). Os princípios gerais da actuação administrativa contidos no Código são ainda aplicáveis a toda e qualquer actividade da Administração Pública, mesmo que meramente técnica ou de gestão privada (artigo 2.º, n.º 4).

Pretende-se, assim, por um lado, regular expressamente a actuação intersubjectiva de gestão pública da Administração, enquanto, por outro lado, a restante actividade administrativa, sem ser directamente regulada, não deixa de ficar subordinada aos princípios gerais da acção administrativa.

Prevê-se ainda a possibilidade de os preceitos deste Código serem mandados aplicar à actuação dos órgãos das instituições particulares de interesse público (artigo 2.º, n.º 5), bem como a procedimentos especiais, sempre que essa aplicação não envolva diminuição de garantias dos particulares (artigo 2.º, n.º 6).

6. O Código divide-se em quatro partes:

Parte I   – Princípios gerais;
Parte II   – Dos sujeitos;
Parte III – Do procedimento administrativo;
Parte IV   – Da actividade administrativa.

Na parte I contêm-se as disposições preliminares (artigos 1.º e 2.º) e a enunciação dos princípios gerais da acção administrativa (artigos 3.º a 12.º).

Na parte II, que se ocupa dos sujeitos do procedimento, existem dois capítulos: o primeiro disciplina os órgãos administrativos (artigos 13.º a 51.º) e o segundo regula os interessados (artigos 52.º e 53.º).

A parte III versa sobre o procedimento administrativo e comporta quatro capítulos: um sobre princípios gerais (artigos 54.º a 60.º), outro sobre o direito à informação (artigos 61.º a 65.º), um terceiro sobre notificações e prazos (artigos 66.º a 73.º) e um quarto sobre a marcha do procedimento (artigos 74.º a 113.º).

Finalmente, a parte IV trata da actividade administrativa, e contém três capítulos, correspondentes às três principais formas jurídicas da actividade administrativa de gestão pública: o regulamento (artigos 114.º a 119.º),o acto administrativo (artigos 120.º a 177.º) e o contrato administrativo (artigos 178.º a 188.º).

Houve a preocupação de eliminar os artigos desnecessários e de simplificar a redacção dos restantes: da primeira para a terceira versão, foram suprimidos 83 artigos, e muitos dos que ficaram foram drasticamente reduzidos.

7. Na parte I estão contidos os princípios gerais da Administração Pública, designadamente o princípio da legalidade (artigo 3.º), o princípio da prossecução do interesse público e da protecção dos direitos e interesses do cidadão (artigo 4.º), os princípios da igualdade e da proporcionalidade (artigo 5.º) os princípios da justiça e da imparcialidade (artigo 6.º), o princípio da colaboração da Administração com os particulares (artigo 7.º), o princípio da participação (artigo 8.º), o princípio da decisão (artigo 9.º), o princípio da desburocratização e da eficiência (artigo 10.º), o princípio da gratuitidade (artigo 11.º) e o princípio do acesso à justiça (artigo 12.º). Trata-se de princípios gerais cuja existência decorre, expressa ou implicitamente, dos preceitos constitucionais (máxime, artigos 266.º e seguintes) e que respeitam à organização e ao funcionamento de uma Administração Pública típica de um moderno Estado de Direito.

8. A parte II do Código ocupa-se dos sujeitos das relações administrativas, compreendendo um capítulo I, referente aos órgãos administrativos, e um capítulo II, referente aos interessados.

No capítulo I são enumerados os órgãos da Administração Pública

Decreto-Lei n.º 442/91 9

(artigo 13.º); é regulado o funcionamento dos órgãos colegiais (artigos 14.º e seguintes); são estabelecidas regras referentes à competência dos órgãos administrativos (artigos 29.º e seguintes); é definido o regime jurídico da delegação de poderes e da substituição (artigos 35.º e seguintes); é determinada a competência para a resolução de conflitos de jurisdição, de atribuições e de competências (artigos 42.º e 43.º), e são reguladas as garantias de imparcialidade da Administração Pública (artigos 44.º e seguintes).

No capítulo II é estabelecido o direito de intervenção dos particulares no procedimento administrativo (artigo 52.º) e é atribuída legitimidade para iniciar o procedimento administrativo ou intervir nele aos titulares de direitos ou interesses legalmente protegidos e às associações que tenham por fim a defesa desses interesses, bem como aos titulares de interesses difusos e às associações dedicadas à defesa dos mesmos (artigo 53.º). Consideram-se, inovadoramente, interesses difusos os que tenham por objecto bens fundamentais como a saúde pública, a habitação, a educação, o património cultural, e o ambiente e a qualidade de vida [artigo 53.º, n.º 2, alínea *a*)].

9. A parte III ocupa-se do procedimento administrativo, que é iniciado oficiosamente ou a requerimento dos interessados (artigo 54.º).

O desenvolvimento do procedimento administrativo é enquadrado por princípios gerais que visam equilibrar a participação dos interessados e a celeridade da Administração Pública.

Assim, o procedimento rege-se pelo princípio do inquisitório (artigo 56.º), procurando afastar formalidades inúteis e assegurar o contraditório. Particular relevo merecem as disposições que concretizam o direito à informação (artigos 61.º e seguintes), num esforço de tornar a actividade administrativa mais transparente, e remetendo para legislação própria o desenvolvimento do novo princípio constitucional da administração aberta (artigo 65.º).

O capítulo III (artigos 66.º e seguintes) é dedicado às notificações e aos prazos. A matéria é disciplinada por forma a garantir aos interessados um efectivo conhecimento dos actos administrativos.

O capítulo IV ocupa-se da marcha do procedimento (artigos 74.º e seguintes), merecendo ser sublinhada a preocupação de facilitar e promover a colaboração entre a Administração Pública e os interessados, bem como as reais possibilidades de participação destes na instrução e na discussão das questões pertinentes.

As diversas formas de extinção do procedimento são reguladas em pormenor, nomeadamente a decisão.

Duas notas merecem referência especial: a concretização do preceito constitucional que visa assegurar a participação dos cidadãos na formação das decisões que lhes disserem respeito, que se fez consistir no direito de audiência dos interessados antes de ser tomada a decisão final do procedimento (artigos 100.° a 105.°), e a inovação que se traduz em enumerar um conjunto de situações em que ao silêncio da Administração a lei passa a imputar o significado de deferimento (artigo 108.°).

10. A parte IV é dedicada à actividade administrativa.

No capítulo I estabelecem-se algumas regras genericamente aplicáveis à actividade regulamentar da Administração.

O princípio da participação dos administrados no processo de elaboração dos regulamentos inspira algumas das suas disposições. Desde logo, reconhece-se aos particulares o direito de dirigirem petições à Administração, com vista a desencadear o procedimento regulamentar (artigo 115.°). Por outro lado, prevê-se a possibilidade da audiência prévia dos interessados no caso de regulamentos cujo conteúdo lhes possa ser desfavorável (artigo 117.°), ao mesmo tempo que se incentiva a submissão a apreciação pública, para recolha de sugestões, de regulamentos cuja matéria o permita (artigo 118.°).

No tocante à elaboração dos projectos de regulamento, acolhe-se no artigo 116.° a regra da fundamentação obrigatória. Por seu turno, a proibição da mera revogação – sem substituição por nova disciplina – dos regulamentos necessários à execução das leis em vigor e a obrigatoriedade da especificação, quando for caso disso, das normas revogadas pelo novo regulamento surgem ditadas, respectivamente, pela necessidade de obviar a vazios susceptíveis de comprometer a efectiva aplicação da lei e por preocupações de certeza e segurança na definição do direito aplicável.

11. O capítulo II da parte IV ocupa-se do acto administrativo (artigos 120.° e seguintes).

A fim de evitar dúvidas e contradições que têm perturbado a

Decreto-Lei n.º 442/91 11

nossa jurisprudência, sublinha-se com particular energia que só há acto administrativo aí onde a decisão administrativa tiver por objecto uma situação individual e concreta (artigo 120.º) e contiver a identificação adequada do destinatário ou destinatários [artigo 123.º, n.º 2, alínea b)].

Em matéria de fundamentação do acto, manteve-se no essencial o disposto no Decreto-Lei n.º 256-A/77, de 17 de Junho (artigos 124.º e seguintes).

Quanto à eficácia do acto administrativo, regulam-se em pormenor os termos da eficácia retroactiva e da eficácia diferida (artigos 128.º e 129.º) e disciplina-se cuidadosamente, com preocupações de garantia dos particulares, a publicação e a notificação dos actos administrativos.

Em matéria de invalidade dos actos, cuidou-se de explicitar com rigor quais os actos nulos, definindo-se em termos mais amplos do que os usuais e estabelecendo que os actos que ofendam o conteúdo essencial de um direito fundamental ou cujo objecto constitua um crime são sempre nulos (artigo 133.º). Manteve-se a anulabilidade como regra geral dos actos administrativos inválidos (artigo 135.º).

A revogação do acto administrativo, dada a sua importância prática, foi objecto de toda uma secção (artigos 138.º e seguintes), onde se procurou consagrar soluções hoje pacíficas na doutrina e jurisprudência portuguesas.

A secção V, sobre a execução do acto administrativo, representa um esforço de introduzir ordem numa zona particularmente sensível e importante da actividade da Administração, onde esta mais claramente se manifesta como poder (artigos 149.º e seguintes).

Feita a distinção clara entre executoriedade e execução, reafirma-se o princípio da legalidade, agora quanto à execução, e admite-se a apreciação contenciosa dos actos de execução arguidos de ilegalidade própria, isto é, que não seja mera consequência do acto exequendo. São previstas as três modalidades clássicas da execução quanto ao seu objecto – para pagamento de quantia certa, entrega de coisa certa e prestação de facto –, remetendo-se, no que respeita ao processo de execução para pagamento de quantia certa, para o disposto no Código de Processo das Contribuições e Impostos.

Uma reflexão cuidadosa levou a reforçar, nesta matéria, as exigências que deve satisfazer a Administração Pública num Estado de Direito. Daí que a imposição coerciva, sem recurso aos tribunais, dos actos administrativos só seja possível desde que seja feita pelas formas e nos termos admitidos por lei (artigo 149.º, n.º 2). Também a execução das obrigações positivas de prestação de facto infungível é rodeada, atenta a sua natureza, de especialíssimas cautelas (artigo 157.º, n.º 3).

12. Na secção VI da parte IV regulam-se a reclamação e os recursos administrativos, os quais podem, em regra, ter por fundamento a ilegalidade ou a inconveniência do acto administrativo (artigo 159.º).

No que se refere aos efeitos destas garantias dos cidadãos, regista-se que a reclamação suspende a eficácia do acto quando este não é susceptível de recurso contencioso (artigo 163.º).

O recurso hierárquico necessário tem, em geral, efeito suspensivo, cabendo, todavia, ao órgão recorrido atribuir-lhe efeito meramente devolutivo quando a não execução imediata do acto possa causar graves inconvenientes para o interesse público. Quanto ao recurso hierárquico facultativo, não tem efeito suspensivo (artigo 170.º).

Por último, intoduziu-se, pela primeira vez, a distinção – já esboçada no ensino e na jurisprudência – entre o recurso hierárquico, o recurso hierárquico impróprio e o recurso tutelar, disciplinando-se as três figuras em conformidade com a sua diferente natureza (artigos 176.º e seguintes).

13. Na matéria dos contratos administrativos o legislador teve a preocupação de não se substituir à doutrina nem invadir os terrenos que cabem à jurisprudência.

A importância do contrato numa Administração que se quer em medida crescente aberta ao diálogo e à colaboração com os administrados, eficiente e maleável, impunha, porém, que se traçassem alguns princípios orientadores.

Optou-se por não definir os tipos de contratos administrativos e construir sobre a definição o respectivo regime. Julgou-se mais prudente enunciar os poderes da Administração como parte no contrato (artigo 180.º).

Com vista ao alargamento do uso do instrumento contratual, consagrou-se o princípio da admissibilidade da sua utilização, salvo quando outra coisa resultar da lei ou da própria natureza das relações que tiver por objecto (artigo 179.º).

No que respeita ao processo de formação dos contratos aplicar-se-ão, na medida do possível, as disposições relativas ao procedimento administrativo (artigo 181.º).

O Código consagra o modo de escolha do co-contratante e regula de forma geral a dispensa de concurso, limitando, naturalmente, esta possibilidade (artigos 182.º e 183.º).

Estabelece-se, com carácter geral, a não executoriedade dos actos administrativos interpretativos ou que modifiquem ou extingam relações contratuais, pondo, assim, termo à possibilidade de comportamentos abusivos. De acordo com esta orientação, dispõe-se que a execução forçada das obrigações contratuais devidas pelos particulares, salvo se outra coisa tiver sido previamente acordada, só pode ser obtida mediante acção a propor no tribunal competente (artigo 187.º).

Por último, consagra-se a admissibilidade de cláusulas compromissórias a celebrar nos termos da legislação processual civil (artigo 188.º).

14. A complexidade e delicadeza das matérias tratadas, a novidade de muitas soluções, as inevitáveis lacunas de um diploma legal com este objecto e extensão, o número e qualidade dos seus destinatários aconselham a que se preveja não só um prazo relativamente dilatado para a sua entrada em vigor como ainda que se estabeleça um período experimental, findo o qual o Código seja obrigatoriamente revisto. Permite-se, deste modo, não só a continuação de uma discussão pública teórica, mas colher os ensinamentos resultantes da sua prática. Para melhor aproveitar as críticas e sugestões que certamente serão feitas e avaliar a experiência da sua aplicação experimental, o Governo tem intenção de criar uma comissão que recolha todos os elementos úteis e proponha as alterações e melhoramentos que a experiência torne aconselháveis.

15. Com a publicação do Código do Procedimento Administrativo o Governo, ao mesmo tempo que realiza uma das tarefas fundamentais do seu Programa em matéria de Administração Pública, tem fundadas esperanças de que ele constitua um dos instrumentos importantes da reforma administrativa – reforma indispensável para que a

Administração portuguesa possa cumprir cabalmente as tarefas que lhe cabem nestes últimos anos do século XX. Espera-se, designadamente, que a renovação que vai permitir prepare a Administração Pública para a plena integração do País na Comunidade Europeia, a qual nunca será realizável com êxito sem que o aparelho administrativo se encontre suficientemente apetrechado e renovado no seu espírito, nos seus métodos e nas suas práticas.

Assim:

No uso da autorização legislativa concedida pela Lei n.º 32/91, de 20 de Julho, e nos termos da alínea *b*) do n.º 1 do artigo 201.º da Constituição, o Governo decreta o seguinte:

ARTIGO 1.º
(Aprovação)

É aprovado o Código do Procedimento Administrativo, que se publica em anexo ao presente decreto-lei e que dele faz parte integrante.

ARTIGO 2.º
(Entrada em vigor)

O presente diploma entra em vigor seis meses após a data da sua publicação.

ARTIGO 3.º
(Revisão)

O Código do Procedimento Administrativo será revisto no prazo de três anos a contar da data da sua entrada em vigor, devendo ser recolhidos os elementos úteis resultantes da sua aplicação para introdução das alterações que se mostrem necessárias.

ARTIGO 4.º
(Norma revogatória)

São revogados os Decretos-Leis n.ᵒˢ 13458, de 12 de Abril de 1927, e 370/83, de 6 de Outubro.

Visto e aprovado em Conselho de Ministros de 22 de Agosto de 1991. – *Aníbal António Cavaco Silva – Mário Fernando de Campos Pinto – Lino Dias Miguel – Eugénio Manuel dos Santos Ramos – Luís Miguel Couceiro Pizarro Beleza – Luís Francisco Valente de Oliveira – Manuel Pereira – Álvaro José Brilhante Laborinho Lúcio – João de Deus Rogado Salvador Pinheiro – Arlindo Marques da Cunha – Luís Fernando Mira Amaral – Alberto José Nunes Correia Ralha – Jorge Manuel Mendes Antas – Jorge Augusto Pires – António José de Castro Bagão Félix – José António Leite de Araújo – Carlos Alberto Diogo Soares Borrego – Albino Azevedo Soares.*

Promulgado em 29 de Outubro de 1991.

Publique-se.

O Presidente da República, MÁRIO SOARES.

Referendado em 5 de Novembro de 1991.

O Primeiro-Ministro, *Aníbal António Cavaco Silva.*

Decreto-Lei n.º 6/96

de 31 de Janeiro

O decreto-lei que aprovou o Código do Procedimento Administrativo (CPA) determinava, no seu artigo 3.º, que o CPA devia ser revisto no prazo de três anos a contar da data da sua entrada em vigor.

A Modernização Administrativa acompanhou os três primeiros anos de vigência do Código do Procedimento Administrativo e desse acompanhamento verificou que a Administração Pública recebeu bem as principais inovações e exigências do Código, adaptando-se no seu modo de funcionamento e na sua forma de agir à nova disciplina.

Realizaram-se centenas de acções de formação, colóquios e seminários, por iniciativa do Governo, de universidades e de outras entidades, e surgiram numerosos comentários e anotações ao Código, o que não só mostra a atenção e interesse da comunidade científica como contribui para tornar o Código mais conhecido e mais claro.

O estudo técnico de avaliação do Código, que pela primeira vez se realizou em colaboração com vários serviços públicos seleccionados, confirmou a generalizada aceitação do diploma e permitiu detectar os principais pontos carecidos de revisão ou clarificação.

O presente decreto-lei, preparado com o apoio da comissão especializada que elaborou o Código de 1991, condensa as respostas que se julgam mais adequadas às diversas questões suscitadas e permite aperfeiçoar significativamente o Código à luz da reflexão teórica e experiência prática sem pôr em causa a filosofia modernizadora que sempre o inspirou e a preocupação de acautelar a posição do cidadão perante a Administração Pública.

São as seguintes as principais inovações ora introduzidas:

a) Clarifica-se o ambito de aplicação do Código de modo a tornar claro que as disposições procedimentais do Código são aplicáveis subsidiariamente aos procedimentos especiais;

b) Consagra-se expressamente o princípio da boa fé, implícito na redacção originária do Código, que se tem por indispensável ao enraizamento da confiança nas relações entre os particulares e a Administração;

c) Prevê-se a forma de fundamentar as deliberações tomadas por escrutínio secreto;

d) Permite-se a prorrogação do prazo geral para a conclusão do procedimento, que passa assim a ser de 90 dias prorrogável por igual período mediante autorização do imediato superior hierárquico;

e) Ressalvam-se do acesso à informação os casos de segredo comercial ou industrial ou segredo relativo à propriedade literária, artística ou científica, em sintonia com o disposto na lei sobre o acesso aos documentos administrativos;

f) Introduz-se a regra da contagem contínua dos prazos de duração superior a seis meses sem prejuízo de nos restantes se continuarem a excluir os sábados, domingos e feriados;

g) Determina-se que a audiência prévia suspende a contagem dos prazos em todos os procedimentos administrativos e prevê-se a sua não realização nos casos em que o procedimento se dirige a um muito elevado número de interessados;

h) Introduz-se a regra de que a reclamação de acto de que não caiba recurso contencioso suspende o prazo para a interposição do recurso administrativo necessário;

i) Adaptam-se as regras sobre o co-contratante ao novo regime dos concursos públicos.

Refira-se, por último, que, dada a extrema importancia da legislação que ora se altera, entende-se dever publicar em anexo a versão integral do Código do Procedimento Administrativo para reunir num só texto as normas em vigor. Assim: No uso da autorização legislativa concedida pela Lei n.º 34/95, de 18 de Agosto, e nos termos das alíneas *a*) e *b*) do n.º 1 do artigo 201.º da Constituição, o Governo decreta o seguinte:

ARTIGO 1.º

Os artigos 2.º, 9.º, 11.º, 14.º, 22.º, 23.º, 24.º, 31.º, 35.º, 44.º, 52.º, 58.º, 62.º, 63.º, 70.º 71º 72º 84º 92º 100.º, 103.º, 113.º, 123.º, 128.º, 149.º, 155.º, 163.º, 164.º, 172.º, 175.º, 182.º, 183.º e 185.º do Código do Procedimento Administrativo, aprovado pelo Decreto-Lei n.º 442/91, de 15 de Novembro, passam a ter a seguinte redacção:
As alterações foram introduzidas no local próprio.

ARTIGO 2.º

Ao Código do Procedimento Administrativo são aditados os artigos 6.º-A e 189.º, com a seguinte redacção:
Inseridos no local próprio.

ARTIGO 3.º

É revogado o n.º 2 do artigo 187.º do Código do Procedimento Administrativo.

ARTIGO 4.º

O Código do Procedimento Administrativo, aprovado pelo Decreto-Lei n.º 442/91, de 15 de Novembro, com as alterações decorrentes do presente diploma, é republicado em anexo, com as necessárias correcções materiais.

Visto e aprovado em Conselho de Ministros de 24 de Agosto de 1995. – *Aníbal António Cavaco Silva – Abílio Manuel Pinto Rodrigues de Almeida Morgado – Manuel Dias Loureiro – Eduardo de Almeida Catroga – Luís Francisco Valente de Oliveira – Álvaro José Brilhante Laborinho Lúcio – Vítor Ângelo da Costa Martins – António Duarte Silva – Luís Fernando Mira Amaral – Maria Manuela Dias Ferreira*

Leite – Joaquim Martins Ferreira do Amaral – Adalberto Paulo da Fonseca Mendo – José Bernardo Veloso Falcão e Cunha – Fernando Manuel Barbosa Faria de Oliveira – Maria Teresa Pinto Basto Gouveia – António Baptista Duarte Silva – Luís Manuel Gonçalves Marques Mendes.

Promolgado em 13 de Outubro de 1995.

Publique-se.

O Presidente da República, MÁRIO SOARES.

Referendado em 16 de Outubro de 1995.

O Primeiro-Ministro, *Aníbal António Cavaco Silva.*

CÓDIGO DO PROCEDIMENTO ADMINISTRATIVO

PARTE I
PRINCÍPIOS GERAIS

CAPÍTULO I
Disposições preliminares

ARTIGO 1.º
(Definição)

1. Entende-se por procedimento administrativo a sucessão ordenada de actos e formalidades tendentes à formação e manifestação da vontade da Administração Pública ou à sua execução.

2. Entende-se por processo administrativo o conjunto de documentos em que se traduzem os actos e formalidades que integram o procedimento administrativo.

ARTIGO 2.º (*)
(Âmbito de aplicação)

1. As disposições deste Código aplicam-se a todos os órgãos da Administração Pública que, no desempenho da actividade administrativa de gestão pública, estabeleçam relações com os particulares, bem como aos actos em matéria administrativa praticados pelos órgãos do Estado que, embora não integrados na Administração Pública, desenvolvam funções materialmente administrativas.

(*) Os artigos assinalados com * foram alterados pelo DL n.º 6/96.

Código do Procedimento Administrativo

2. São órgãos da Administração Pública, para os efeitos deste Código:

a) Os órgãos do Estado e das Regiões Autónomas que exerçam funções administrativas;

b) Os órgãos dos institutos públicos e das associações públicas;

c) Os órgãos das autarquias locais e suas associações e federações.

3. O regime instituído pelo presente Código é ainda aplicável aos actos praticados por entidades concessionárias no exercício de poderes de autoridade.

4. Os preceitos deste Código podem ser mandados aplicar por lei à actuação dos órgãos das instituições particulares de interesse público.

5. Os princípios gerais da actividade administrativa constantes do presente Código e as normas que concretizam preceitos constitucionais são aplicáveis a toda e qualquer actuação da Administração Pública, ainda que meramente técnica ou de gestão privada.

6. As disposições do presente Código relativas à organização e à actividade administrativas são aplicáveis a todas as actuações da Administração Pública no domínio da gestão pública.

7. No domínio da actividade de gestão pública, as restantes disposições do presente Código aplicam-se supletivamente aos procedimentos especiais, desde que não envolvam diminuição das garantias dos particulares.

CAPÍTULO II
Princípios gerais

ARTIGO 3.º
(Princípio da legalidade)

1. Os órgãos da Administração Pública devem actuar em obediência à lei e ao direito, dentro dos limites dos poderes que lhes estejam atribuídos e em conformidade com os fins para que os mesmos poderes lhes forem conferidos.

2. Os actos administrativos praticados em estado de necessidade, com preterição das regras estabelecidas neste Código, são válidos, desde que os seus resultados não pudessem ter sido alcançados de outro modo, mas os lesados terão o direito de ser indemnizados nos termos gerais da responsabilidade da Administração.

ARTIGO 4.º
(Princípio da prossecução do interesse público e da protecção dos direitos e interesses dos cidadãos)

Compete aos órgãos administrativos prosseguir o interesse público, no respeito pelos direitos e interesses legalmente protegidos dos cidadãos.

ARTIGO 5.º
(Princípios da igualdade e da proporcionalidade)

1. Nas suas relações com os particulares, a Administração Pública deve reger-se pelo princípio da igualdade, não podendo privilegiar, beneficiar, prejudicar, privar de qualquer direito ou isentar de qualquer dever nenhum administrado em razão de ascendência, sexo, raça, língua, território de origem, religião, convicções políticas ou ideológicas, instrução, situação económica ou condição social.

2. As decisões da Administração que colidam com direitos subjectivos ou interesses legalmente protegidos dos particulares só podem afectar essas posições em termos adequados e proporcionais aos objectivos a realizar.

ARTIGO 6.º
(Princípios da justiça e da imparcialidade)

No exercício da sua actividade, a Administração Pública deve tratar de forma justa e imparcial todos os que com ela entrem em relação.

ARTIGO 6.°-A [1]
(Princípio da boa fé)

1. No exercício da actividade administrativa e em todas as suas formas e fases, a Administração Pública e os particulares devem agir e relacionar-se segundo as regras da boa fé.

2. No cumprimento do disposto nos números anteriores, devem ponderar-se os valores fundamentais do direito, relevantes em face das situações consideradas, e, em especial:

a) A confiança suscitada na contraparte pela actuação em causa;

b) O objectivo a alcançar com a actuação empreendida.

ARTIGO 7.°
(Princípio da colaboração da Administração com os particulares)

1. Os órgãos da Administração Pública devem actuar em estreita colaboração com os particulares, procurando assegurar a sua adequada participação no desempenho da função administrativa, cumprindo-lhes, designadamente:

a) Prestar aos particulares as informações e os esclarecimentos de que careçam;

b) Apoiar e estimular as iniciativas dos particulares e receber as suas sugestões e informações.

2. A Administração Pública é responsável pelas informações prestadas por escrito aos particulares, ainda que não obrigatórias.

ARTIGO 8.°
(Princípio da participação)

Os órgãos da Administração Pública devem assegurar a participação dos particulares, bem como das associações que tenham por objecto a defesa dos seus interesses, na formação das decisões que

---

[1] Aditado pelo DL n.° 6/96.

lhes disserem respeito, designadamente através da respectiva audiência nos termos deste Código.

ARTIGO 9.º (*)
(Princípio da decisão)

1. Os órgãos administrativos têm, nos termos regulados neste Código, o dever de se pronunciar sobre todos os assuntos da sua competência que lhes sejam apresentados pelos particulares, e nomeadamente:

a) Sobre os assuntos que lhes disserem directamente respeito;

b) Sobre quaisquer petições, representações, reclamações ou queixas formuladas em defesa da Constituição, das leis ou do interesse geral.

2. Não existe o dever de decisão quando, há menos de dois anos contados da data da apresentação do requerimento, o órgão competente tenha praticado um acto administrativo sobre o mesmo pedido formulado pelo mesmo particular com os mesmos fundamentos.

ARTIGO 10.º
(Princípio da desburocratização e da eficiência)

A Administração Pública deve ser estruturada de modo a aproximar os serviços das populações e de forma não burocratizada, a fim de assegurar a celeridade, a economia e a eficiência das suas decisões.

ARTIGO 11.º (*)
(Princípio da gratuitidade)

1. O procedimento administrativo é gratuito, salvo na parte em que leis especiais impuserem o pagamento de taxas ou de despesas efectuadas pela Administração.

2. Em caso de comprovada insuficiência económica, demonstrada nos termos da lei sobre o apoio judiciário, a Administração isentará, total ou parcialmente, o interessado do pagamento das taxas ou das despesas referidas no número anterior.

ARTIGO 12.º
(Princípio do acesso à justiça)

Aos particulares é garantido o acesso à justiça administrativa, a fim de obterem a fiscalização contenciosa dos actos da Administração, bem como para tutela dos seus direitos ou interesses legalmente protegidos, nos termos previstos na legislação reguladora do contencioso administrativo.

PARTE II
DOS SUJEITOS

CAPÍTULO I
Dos órgãos administrativos

SECÇÃO I
Generalidades

ARTIGO 13.º
(Órgãos da Administração Pública)

São órgãos da Administração Pública, para os efeitos deste Código, os previstos no n.º 2 do artigo 2.º.

SECÇÃO II
Dos órgãos colegiais

ARTIGO 14.º (*)
(Presidente e secretário)

1. Sempre que a lei não disponha de forma diferente, cada órgão administrativo colegial tem um presidente e um secretário, a eleger pelos membros que o compõem.

2. Cabe ao presidente do órgão colegial, além de outras funções que lhe sejam atribuídas, abrir e encerrar as reuniões, dirigir os trabalhos e assegurar o cumprimento das leis e a regularidade das deliberações.

3. O Presidente pode, ainda, suspender ou encerrar antecipadamente as reuniões, quando circunstâncias excepcionais o justifiquem, mediante decisão fundamentada, a incluir na acta da reunião.

4. O Presidente, ou quem o substituir, pode interpor recurso contencioso e pedir a suspensão jurisdicional da eficácia das deliberações tomadas pelo órgão colegial a que preside que considere ilegais.

ARTIGO 15.°
(Substituição do presidente e secretário)

1. Salvo disposição legal em contrário, o presidente e o secretário de qualquer órgão colegial são substituídos, respectivamente, pelo vogal mais antigo e pelo vogal mais moderno.

2. No caso de os vogais possuírem a mesma antiguidade, a substituição faz-se, respectivamente, pelo vogal de mais idade e pelo mais jovem.

ARTIGO 16.°
(Reuniões ordinárias)

1. Na falta de determinação legal ou de deliberação do órgão, cabe ao presidente a fixação dos dias e horas das reuniões ordinárias.

2. Quaisquer alterações ao dia e hora fixados para as reuniões devem ser comunicadas a todos os membros do órgão colegial, de forma a garantir o seu conhecimento seguro e oportuno.

ARTIGO 17.º
(Reuniões extraordinárias)

1. As reuniões extraordinárias têm lugar mediante convocação do presidente, salvo disposição especial.

2. O presidente é obrigado a proceder à convocação sempre que pelo menos um terço dos vogais lho solicitem por escrito, indicando o assunto que desejam ver tratado.

3. A convocatória da reunião deve ser feita para um dos 15 dias seguintes à apresentação do pedido, mas sempre com uma antecedência mínima de quarenta e oito horas sobre a data da reunião extraordinária.

4. Da convocatória devem constar, de forma expressa e especificada, os assuntos a tratar na reunião.

ARTIGO 18.º
(Ordem do dia)

1. A ordem do dia de cada reunião é estabelecida pelo presidente que, salvo disposição especial em contrário, deve incluir os assuntos que para esse fim lhe forem indicados por qualquer vogal, desde que sejam da competência do órgão e o pedido seja apresentado por escrito com uma antecedência mínima de cinco dias sobre a data da reunião.

2. A ordem do dia deve ser entregue a todos os membros com a antecedência de, pelo menos, quarenta e oito horas sobre a data da reunião.

ARTIGO 19.º
(Objecto das deliberações)

Só podem ser objecto de deliberação os assuntos incluídos na ordem do dia da reunião, salvo se, tratando-se de reunião ordinária, pelo menos dois terços dos membros reconhecerem a urgência de deliberação imediata sobre outros assuntos.

ARTIGO 20.°
(Reuniões públicas)

1. As reuniões dos órgãos administrativos não são públicas, salvo disposição da lei em contrário.

2. Quando as reuniões hajam de ser públicas, deve ser dada publicidade aos dias, horas e locais da sua realização, de forma a garantir o conhecimento dos interessados com uma antecedência de, pelo menos, quarenta e oito horas sobre a data da reunião.

ARTIGO 21.°
(Inobservância das disposições sobre convocação de reuniões)

A ilegalidade resultante da inobservância das disposições sobre a convocação de reuniões só se considera sanada quando todos os membros do órgão compareçam à reunião e não suscitem oposição à sua realização.

ARTIGO 22.° (*)
(Quórum)

1. Os órgãos colegiais só podem, regra geral, deliberar quando esteja presente a maioria do número legal dos seus membros com direito a voto.

2. Sempre que se não disponha de forma diferente, não se verificando na primeira convocação o quórum previsto no número anterior, será convocada nova reunião, com o intervalo de, pelo menos, vinte e quatro horas, prevendo-se nessa convocação que o órgão delibere desde que esteja presente um terço dos seus membros com direito a voto, em número não inferior a três.

ARTIGO 23.° (*)
(Proibição da abstenção)

No silêncio da lei, é proibida a abstenção aos membros dos órgãos colegiais consultivos que estejam presentes à reunião e não se encontrem impedidos de intervir.

ARTIGO 24.º (*)
(Formas de votação)

1. Salvo disposição legal em contrário, as deliberações são tomadas por votação nominal, devendo votar primeiramente os vogais e, por fim, o presidente.

2. As deliberações que envolvam a apreciação de comportamentos ou das qualidades de qualquer pessoa são tomadas por escrutínio secreto; em caso de dúvida, o órgão colegial deliberará sobre a forma de votação.

3. Quando exigida, a fundamentação das deliberações tomadas por escrutínio secreto será feita pelo presidente do órgão colegial após a votação, tendo presente a discussão que a tiver precedido.

4. Não podem estar presentes no momento da discussão nem da votação os membros dos órgãos colegiais que se encontrem ou se considerem impedidos.

ARTIGO 25.º
(Maioria exigível nas deliberações)

1. As deliberações são tomadas por maioria absoluta de votos dos membros presentes à reunião, salvo nos casos em que, por disposição legal, se exija maioria qualificada ou seja suficiente maioria relativa.

2. Se for exigível maioria absoluta e esta se não formar, nem se verificar empate, proceder-se-á imediatamente a nova votação e, se aquela situação se mantiver, adiar-se-á a deliberação para a reunião seguinte, na qual será suficiente a maioria relativa.

ARTIGO 26.º
(Empate na votação)

1. Em caso de empate na votação, o presidente tem voto de qualidade, salvo se a votação se tiver efectuado por escrutíneo secreto.

Código do Procedimento Administrativo

2. Havendo empate em votação por escrutíneo secreto, proceder--se-á imediatamente a nova votação e, se o empate se mantiver, adiar--se-á a deliberação para a reunião seguinte; se na primeira votação dessa reunião se mantiver o empate, proceder-se-á a votação nominal.

ARTIGO 27.º
(Acta da reunião)

1. De cada reunião será lavrada acta, que conterá um resumo de tudo o que nela tiver ocorrido, indicando, designadamente, a data e o local da reunião, os membros presentes, os assuntos apreciados, as deliberações tomadas e a forma e o resultado das respectivas votações.

2. As actas são lavradas pelo secretário e postas à aprovação de todos os membros no final da respectiva reunião ou no início da seguinte, sendo assinadas, após a aprovação, pelo presidente e pelo secretário.

3. Nos casos em que o órgão assim o delibere, a acta será aprovada, em minuta, logo na reunião a que disser respeito.

4. As deliberações dos órgãos colegiais só podem adquirir eficácia depois de aprovadas as respectivas actas ou depois de assinadas as minutas, nos termos do número anterior.

ARTIGO 28.º
(Registo na acta do voto de vencido)

1. Os membros do órgão colegial podem fazer constar da acta o seu voto de vencido e as razões que o justifiquem.

2. Aqueles que ficarem vencidos na deliberação tomada e fizerem registo da respectiva declaração de voto na acta ficam isentos da responsabilidade que daquela eventualmente resulte.

3. Quando se trate de pareceres a dar a outros órgãos administrativos, as deliberações serão sempre acompanhadas das declarações de voto apresentadas.

SECÇÃO III
Da competência

ARTIGO 29.º
(Irrenunciabilidade e inalienabilidade)

1. A competência é definida por lei ou por regulamento e é irrenunciável e inalienável, sem prejuízo do disposto quanto à delegação de poderes e à substituição.

2. É nulo todo o acto ou contrato que tenha por objecto a renúncia à titularidade ou ao exercício da competência conferida aos órgãos administrativos, sem prejuízo da delegação de poderes e figuras afins.

ARTIGO 30.º
(Fixação da competência)

1. A competência fixa-se no momento em que se inicia o procedimento, sendo irrelevantes as modificações de facto que ocorram posteriormente.

2. São igualmente irrelevantes as modificações de direito, excepto se for extinto o órgão a que o procedimento estava afecto, se deixar de ser competente ou se lhe for atribuída a competência de que inicialmente carecesse.

3. Quando o órgão territorialmente competente passar a ser outro, deve o processo ser-lhe remetido oficiosamente.

ARTIGO 31.º (*)
(Questões prejudiciais)

1. Se a decisão final depender da resolução de uma questão da competência de outro órgão administrativo ou dos tribunais, o procedimento deve ser suspenso até que o órgão ou tribunal competente se pronunciem, salvo se da não resolução imediata do assunto resultarem graves prejuízos.

2. A suspensão cessa:

a) Quando a decisão da questão prejudicial depender da apresentação de pedido pelo interessado e este o não apresentar perante o órgão administrativo ou o tribunal competente nos 30 dias seguintes à notificação da suspensão;

b) Quando o procedimento ou o processo instaurado para conhecimento da questão prejudicial estiver parado, por culpa do interessado, por mais de 30 dias;

c) Quando, por circunstâncias supervenientes, a falta de resolução imediata do assunto causar graves prejuízos.

3. Se não for declarada a suspensão ou esta cessar, o órgão administrativo conhecerá das questões prejudiciais, mas a respectiva decisão não produzirá quaisquer efeitos fora do procedimento em que for proferida.

ARTIGO 32.º
(Conflitos de competência territorial)

Em caso de dúvida sobre a competência territorial, a entidade que decidir o conflito designará como competente o órgão cuja localização oferecer, em seu entender, maiores vantagens para a boa resolução do assunto.

ARTIGO 33.º
(Controlo da competência)

1. Antes de qualquer decisão, o órgão administrativo deve certificar-se de que é competente para conhecer da questão.

2. A incompetência deve ser suscitada oficiosamente pelo órgão administrativo e pode ser arguida pelos interessados.

ARTIGO 34.º
(Apresentação de requerimento a órgão incompetente)

1. Quando o particular, por erro desculpável e dentro do prazo fixado, dirigir requerimento, petição, reclamação ou recurso a órgão incompetente, proceder-se-á da seguinte forma:

a) Se o órgão competente pertencer ao mesmo ministério ou à mesma pessoa colectiva, o requerimento, petição, reclamação ou recurso ser-lhe-á oficiosamente remetido, de tal se notificando o particular;

b) Se o órgão competente pertencer a outro ministério ou a outra pessoa colectiva, o requerimento, petição, reclamação ou recurso será devolvido ao seu autor, acompanhado da indicação do ministério ou da pessoa colectiva a quem se deverá dirigir.

2. No caso previsto na alínea *b)* do número anterior, começa a correr novo prazo, idêntico ao fixado, a partir da notificação da devolução ali referida.

3. Em caso de erro indesculpável, o requerimento, petição, reclamação ou recurso não será apreciado, de tal se notificando o particular em prazo não superior a quarenta e oito horas.

4. Da qualificação do erro cabe reclamação e recurso, nos termos gerais.

SECÇÃO IV
Da delegação de poderes e da substituição

ARTIGO 35.º (*)
(Da delegação de poderes)

1. Os órgãos administrativos normalmente competentes para decidir em determinada matéria podem, sempre que para tal estejam habilitados por lei, permitir, através de um acto de delegação de poderes, que outro órgão ou agente pratique actos administrativos sobre a mesma matéria.

2. Mediante um acto de delegação de poderes, os órgãos competentes para decidir em determinada matéria podem sempre permitir que o seu imediato inferior hierárquico, adjunto ou substituto pratiquem actos de administração ordinária nessa matéria.

3. O disposto no número anterior vale igualmente para a delegação de poderes dos órgãos colegiais nos respectivos presidentes, salvo havendo lei de habilitação específica que estabeleça uma particular repartição de competências entre os diversos órgãos.

ARTIGO 36.º
(Da subdelegação de poderes)

1. Salvo disposição legal em contrário, o delegante pode autorizar o delegado a subdelegar.

2. O subdelegado pode subdelegar as competências que lhe tenham sido subdelegadas, salvo disposição legal em contrário ou reserva expressa do delegante ou subdelegante.

ARTIGO 37.º
(Requisitos do acto de delegação)

1. No acto de delegação ou subdelegação, deve o órgão delegante ou subdelegante especificar os poderes que são delegados ou subdelegados ou quais os actos que o delegado ou subdelegado pode praticar.

2. Os actos de delegação e subdelegação de poderes estão sujeitos a publicação no *Diário da República* ou, tratando-se da administração local, no boletim da autarquia, e devem ser afixados nos lugares do estilo quando tal boletim não exista.

ARTIGO 38.º
(Menção da qualidade de delegado ou subdelegado)

O órgão delegado ou subdelegado deve mencionar essa qualidade no uso da delegação ou subdelegação.

ARTIGO 39.º
(Poderes do delegante ou subdelegante)

1. O órgão delegante ou subdelegante pode emitir directivas ou instruções vinculativas para o delegado ou subdelegado sobre o modo como devem ser exercidos os poderes delegados ou subdelegados.

2. O órgão delegante ou subdelegante tem o poder de avocar, bem como o poder de revogar os actos praticados pelo delegado ou subdelegado ao abrigo da delegação ou subdelegação.

ARTIGO 40.º
(Extinção da delegação ou subdelegação)

A delegação e a subdelegação de poderes extinguem-se:

a) Por revogação do acto de delegação ou subdelegação;

b) Por caducidade, resultante de se terem esgotado os seus efeitos ou da mudança dos titulares dos órgãos delegante ou delegado, subdelegante ou subdelegado.

ARTIGO 41.º
(Substituição)

1. Nos casos de ausência, falta ou impedimento do titular do cargo, a sua substituição cabe ao substituto designado na lei.

2. Na falta de designação pela lei, a substituição cabe ao inferior hierárquico imediato, mais antigo, do titular a substituir.

3. O exercício de funções em substituição abrange os poderes delegados ou subdelegados no substituído.

SECÇÃO V
Dos conflitos de jurisdição, de atribuições e de competência

ARTIGO 42.°
(Competência para a resolução dos conflitos)

1. Os conflitos de jurisdição são resolvidos pelo Tribunal de Conflitos, nos termos da legislação respectiva.

2. Os conflitos de atribuições são resolvidos:

a) Pelos tribunais administrativos, mediante recurso contencioso, quando envolvam órgãos de pessoas colectivas diferentes;

b) Pelo Primeiro-Ministro, quando envolvam órgãos de ministérios diferentes;

c) Pelo ministro, quando envolvam órgãos do mesmo ministério ou pessoas colectivas dotadas de autonomia sujeitas ao seu poder de superintendência.

3. Os conflitos de competência são resolvidos pelo órgão de menor categoria hierárquica que exercer poderes de supervisão sobre os órgãos envolvidos.

ARTIGO 43.°
(Resolução administrativa dos conflitos)

1. A resolução dos conflitos de competência, bem como dos conflitos de atribuições entre ministérios diferentes, pode ser solicitada por qualquer interessado, mediante requerimento fundamentado dirigido à entidade competente para a decisão do procedimento, e deve ser oficiosamente suscitada pelos órgãos em conflito logo que dele tenham conhecimento.

2. O órgão competente para a resolução deve ouvir os órgãos em conflito, se estes ainda não se tiverem pronunciado, e proferir a decisão no prazo de 30 dias.

SECÇÃO VI
Das garantias de imparcialidade

ARTIGO 44.º (*)
(Casos de impedimento)

1. Nenhum titular de órgão ou agente da Administração Pública pode intervir em procedimento administrativo ou em acto ou contrato de direito público ou privado da Administração Pública nos seguintes casos:

a) Quando nele tenha interesse, por si, como representante ou como gestor de negócios de outra pessoa;

b) Quando, por si ou como representante de outra pessoa, nele tenha interesse o seu cônjuge, algum parente ou afim em linha recta ou até ao 2.º grau da linha colateral, bem como qualquer pessoa com quem viva em economia comum;

c) Quando, por si ou como representante de outra pessoa, tenha interesse em questão semelhante à que deva ser decidida, ou quando tal situação se verifique em relação a pessoa abrangida pela alínea anterior;

d) Quando tenha intervindo no procedimento como perito ou mandatário ou haja dado parecer sobre questão a resolver;

e) Quando tenha intervindo no procedimento como perito ou mandatário o seu cônjuge, parente ou afim em linha recta ou até ao 2.º grau da linha colateral, bem como qualquer pessoa com quem viva em economia comum;

f) Quando contra ele, seu cônjuge ou parente em linha recta esteja intentada acção judicial proposta por interessado ou pelo respectivo cônjuge;

g) Quando se trate de recurso de decisão proferida por si, ou com a sua intervenção, ou proferida por qualquer das pessoas referidas na alínea *b*) ou com intervenção destas.

2. Excluem-se do disposto no número anterior as intervenções que se traduzam em actos de mero expediente, designadamente actos certificativos.

ARTIGO 45.º
(Arguição e declaração do impedimento)

1. Quando se verifique causa de impedimento em relação a qualquer titular de órgão ou agente administrativo, deve o mesmo comunicar desde logo o facto ao respectivo superior hierárquico ou ao presidente do órgão colegial dirigente, consoante os casos.

2. Até ser proferida a decisão definitiva ou praticado o acto, qualquer interessado pode requerer a declaração do impedimento, especificando as circunstâncias de facto que constituam a sua causa.

3. Compete ao superior hierárquico ou ao presidente do órgão colegial conhecer da existência do impedimento e declará-lo, ouvindo, se considerar necessário, o titular do órgão ou agente.

4. Tratando-se do impedimento do presidente do órgão colegial, a decisão do incidente compete ao próprio órgão, sem intervenção do presidente.

ARTIGO 46.º
(Efeitos da arguição do impedimento)

1. O titular do órgão ou agente deve suspender a sua actividade no procedimento logo que faça a comunicação a que se refere o n.º 1 do artigo anterior ou tenha conhecimento do requerimento a que se refere o n.º 2 do mesmo preceito, até à decisão do incidente, salvo ordem em contrário do respectivo superior hierárquico.

2. Os impedidos nos termos do artigo 44.º deverão tomar todas as medidas que forem inadiáveis em caso de urgência ou de perigo, as quais deverão ser ratificadas pela entidade que os substituir.

ARTIGO 47.º
(Efeitos da declaração do impedimento)

1. Declarado o impedimento do titular do órgão ou agente, será o mesmo imediatamente substituído no procedimento pelo respectivo substituto legal, salvo se o superior hierárquico daquele resolver avocar a questão.

2. Tratando-se de órgão colegial, se não houver ou não puder ser designado substituto, funcionará o órgão sem o membro impedido.

ARTIGO 48.º
(Fundamento da escusa e suspeição)

1. O titular de órgão ou agente deve pedir dispensa de intervir no procedimento quando ocorra circunstância pela qual possa razoavelmente suspeitar-se da sua isenção ou da rectidão da sua conduta e, designadamente:

a) Quando, por si ou como representante de outra pessoa, nele tenha interesse parente ou afim em linha recta ou até ao 3.º grau da linha colateral, ou tutelado ou curatelado dele ou do seu cônjuge;

b) Quando o titular do órgão ou agente ou o seu cônjuge, ou algum parente ou afim na linha recta, for credor ou devedor de pessoa singular ou colectiva com interesse directo no procedimento, acto ou contrato;

c) Quando tenha havido lugar ao recebimento de dádivas, antes ou depois de instaurado o procedimento, pelo titular do órgão ou agente, seu cônjuge, parente ou afim na linha recta;

d) Se houver inimizade grave ou grande intimidade entre o titular do órgão ou agente ou o seu cônjuge e a pessoa com interesse directo no procedimento, acto ou contrato.

2. Com fundamento semelhante e até ser proferida decisão definitiva, pode qualquer interessado opor suspeição a titulares de órgãos ou agentes que intervenham no procedimento, acto ou contrato.

ARTIGO 49.º
(Formulação do pedido)

1. Nos casos previstos no artigo anterior, o pedido deve ser dirigido à entidade competente para dele conhecer, indicando com precisão os factos que o justifiquem.

2. O pedido do titular do órgão ou agente só será formulado por escrito quando assim for determinado pela entidade a quem for dirigido.

3. Quando o pedido seja formulado por interessados no procedimento, acto ou contrato, será sempre ouvido o titular do órgão ou o agente visado.

ARTIGO 50.º
(Decisão sobre a escusa ou suspeição)

1. A competência para decidir da escusa ou suspeição defere-se nos termos referidos nos n.ºs 3 e 4 do artigo 45.º.

2. A decisão será proferida no prazo de oito dias.

3. Reconhecida procedência ao pedido, observar-se-á o disposto nos artigos 46.º e 47.º.

ARTIGO 51.º
(Sanção)

1. Os actos ou contratos em que tiverem intervindo titulares de órgão ou agentes impedidos são anuláveis nos termos gerais.

2. A omissão do dever de comunicação a que alude o artigo 45.º, n.º 1, constitui falta grave para efeitos disciplinares.

CAPÍTULO II
Dos interessados

ARTIGO 52.º (*)
(Intervenção no procedimento administrativo)

1. Todos os particulares têm o direito de intervir pessoalmente no procedimento administrativo ou de nele se fazer representar ou assistir, designadamente através de advogado ou solicitador.

Artigo 53.º　　　　　　　　　　　　　　　　43

2. A capacidade de intervenção no procedimento, salvo disposição especial, tem por base e por medida a capacidade de exercício de direitos segundo a lei civil, a qual é também aplicável ao suprimento da incapacidade.

ARTIGO 53.º
(Legitimidade)

1. Têm legitimidade para iniciar o procedimento administrativo e para intervir nele os titulares de direitos subjectivos ou interesses legalmente protegidos, no âmbito das decisões que nele forem ou possam ser tomadas, bem como as associações sem carácter político ou sindical que tenham por fim a defesa desses interesses.

2. Consideram-se, ainda, dotados de legitimidade para a protecção de interesses difusos:

a) Os cidadãos a quem a actuação administrativa provoque ou possa previsivelmente provocar prejuízos relevantes em bens fundamentais como a saúde pública, a habitação, a educação, o património cultural, o ambiente, o ordenamento do território e a qualidade de vida;

b) Os residentes na circunscrição em que se localize algum bem do domínio público afectado pela acção da Administração.

3. Para defender os interesses difusos de que sejam titulares os residentes em determinada circunscrição têm legitimidade as associações dedicadas à defesa de tais interesses e os órgãos autárquicos da respectiva área.

4. Não podem reclamar nem recorrer aqueles que, sem reserva, tenham aceitado, expressa ou tacitamente, um acto administrativo depois de praticado.

Nota:

O Tribunal Constitucional, através do Ac. n.º 118/97, publicado no *D.R.* 96/97, Série I-A, de 24.04.1997, declarou, com força obrigatória geral, a inconstitucionalidade da norma constante do n.º 1, na parte em que nega às associações sindicais legitimidade para iniciar o procedimento administrativo e para nele intervir, seja em defesa de interesses colectivos, seja em defesa colectiva de interesses individuais dos trabalhadores que representam.

PARTE III
DO PROCEDIMENTO ADMINISTRATIVO

CAPÍTULO I
Princípios gerais

ARTIGO 54.º
(Iniciativa)

O procedimento administrativo inicia-se oficiosamente ou a requerimento dos interessados.

ARTIGO 55.º
(Comunicação aos interessados)

1. O início oficioso do procedimento será comunicado às pessoas cujos direitos ou interesses legalmente protegidos possam ser lesados pelos actos a praticar no procedimento e que possam ser desde logo nominalmente identificadas.

2. Não haverá lugar à comunicação determinada no número anterior nos casos em que a lei a dispense e naqueles em que a mesma possa prejudicar a natureza secreta ou confidencial da matéria, como tal classificada nos termos legais, ou a oportuna adopção das providências a que o procedimento se destina.

3. A comunicação deverá indicar a entidade que ordenou a instauração do procedimento, a data em que o mesmo se iniciou, o serviço por onde o mesmo corre e o respectivo objecto.

ARTIGO 56.°
(Princípio do inquisitório)

Os órgãos administrativos, mesmo que o procedimento seja instaurado por iniciativa dos interessados, podem proceder às diligências que considerem convenientes para a instrução, ainda que sobre matérias não mencionadas nos requerimentos ou nas respostas dos interessados, e decidir coisa diferente ou mais ampla do que a pedida, quando o interesse público assim o exigir.

ARTIGO 57.°
(Dever de celeridade)

Os órgãos administrativos devem providenciar pelo rápido e eficaz andamento do procedimento, quer recusando e evitando tudo o que for impertinente ou dilatório, quer ordenando e promovendo tudo o que for necessário ao seguimento do procedimento e à justa e oportuna decisão.

ARTIGO 58.° (*)
(Prazo geral para a conclusão)

1. O procedimento deve ser concluído no prazo de 90 dias, salvo se outro prazo decorrer da lei ou for imposto por circunstâncias excepcionais.

2. O prazo previsto no número anterior pode ser prorrogado, por um ou mais períodos, até ao limite de mais 90 dias, mediante autorização do imediato superior hierárquico ou do órgão colegial competente.

3. A inobservância dos prazos a que se referem os números anteriores deve ser justificada pelo órgão responsável, perante o imediato superior hierárquico ou perante o órgão colegial competente, dentro dos 10 dias seguintes ao termo dos mesmos prazos.

ARTIGO 59.º
(Audiência dos interessados)

Em qualquer fase do procedimento podem os órgãos administrativos ordenar a notificação dos interessados para, no prazo que lhes for fixado, se pronunciarem acerca de qualquer questão.

ARTIGO 60.º
(Deveres gerais dos interessados)

1. Os interessados têm o dever de não formular pretensões ilegais, não articular factos contrários à verdade, nem requerer diligências meramente dilatórias.

2. Os interessados têm também o dever de prestar a sua colaboração para o conveniente esclarecimento dos factos e a descoberta da verdade.

CAPÍTULO II
Do direito à informação

ARTIGO 61.º
(Direito dos interessados à informação)

1. Os particulares têm o direito de ser informados pela Administração, sempre que o requeiram, sobre o andamento dos procedimentos em que sejam directamente interessados, bem como o direito de conhecer as resoluções definitivas que sobre eles forem tomadas.

2. As informações a prestar abrangem a indicação do serviço onde o procedimento se encontra, os actos e diligências praticados, as deficiências a suprir pelos interessados, as decisões adoptadas e quaisquer outros elementos solicitados.

3. As informações solicitadas ao abrigo deste artigo serão fornecidas no prazo máximo de 10 dias.

ARTIGO 62.º (*)
(Consulta do processo e passagem de certidões)

1. Os interessados têm o direito de consultar o processo que não contenha documentos classificados ou que revelem segredo comercial ou industrial ou segredo relativo à propriedade literária, artística ou científica.

2. O direito referido no número anterior abrange os documentos nominativos relativos a terceiros, desde que excluídos os dados pessoais que não sejam públicos, nos termos legais.

3. Os interessados têm o direito, mediante o pagamento das importâncias que forem devidas, de obter certidão, reprodução ou declaração autenticada dos documentos que constem dos processos a que tenham acesso.

ARTIGO 63.º (*)
(Certidões independentes de despacho)

1. Os funcionários competentes são obrigados a passar aos interessados, independentemente de despacho e no prazo de 10 dias a contar da apresentação do requerimento, certidão, reprodução ou declaração autenticada de documentos de que constem, consoante o pedido, todos ou alguns dos seguintes elementos:

a) Data da apresentação de requerimentos, petições, reclamações, recursos ou documentos semelhantes;

b) Conteúdo desses documentos ou pretensão neles formulada;

c) Andamento que tiveram ou situação em que se encontram;

d) Resolução tomada ou falta de resolução.

2. O dever estabelecido no número anterior não abrange os documentos classificados ou que revelem segredo comercial ou industrial ou segredo relativo à propriedade literária, artística ou científica.

ARTIGO 64.º
(Extensão do direito de informação)

1. Os direitos reconhecidos nos artigos 61.º a 63.º são extensivos a quaisquer pessoas que provem ter interesse legítimo no conhecimento dos elementos que pretendam.

2. O exercício dos direitos previstos no número anterior depende de despacho do dirigente do serviço, exarado em requerimento escrito, instruído com os documentos probatórios do interesse legítimo invocado.

ARTIGO 65.º
(Princípio da administração aberta)

1. Todas as pessoas têm o direito de acesso aos arquivos e registos administrativos, mesmo que não se encontre em curso qualquer procedimento que lhes diga directamente respeito, sem prejuízo do disposto na lei em matérias relativas à segurança interna e externa, à investigação criminal e à intimidade das pessoas.

2. O acesso aos arquivos e registos administrativos é regulado em diploma próprio.

CAPÍTULO III
Das notificações e dos prazos

SECÇÃO I
Das notificações

ARTIGO 66.º
(Dever de notificar)

Devem ser notificados aos interessados os actos administrativos que:

a) Decidam sobre quaisquer pretensões por eles formuladas;

50   *Código do Procedimento Administrativo*

b) Imponham deveres, sujeições ou sanções, ou causem prejuízos;

c) Criem, extingam, aumentem ou diminuam direitos ou interesses legalmente protegidos, ou afectem as condições do seu exercício.

ARTIGO 67.º
(Dispensa de notificação)

1. É dispensada a notificação dos actos nos casos seguintes:

a) Quando sejam praticados oralmente na presença dos interessados;

b) Quando o interessado, através de qualquer intervenção no procedimento, revele perfeito conhecimento do conteúdo dos actos em causa.

2. Os prazos cuja contagem se inicie com a notificação começam a correr no dia seguinte ao da prática do acto ou no dia seguinte àquele em que ocorrer a intervenção, respectivamente nos casos previstos nas alíneas *a)* e *b)* do número anterior.

ARTIGO 68.º
(Conteúdo da notificação)

1. Da notificação devem constar:

a) O texto integral do acto administrativo;

b) A identificação do procedimento administrativo, incluindo a indicação do autor do acto e a data deste;

c) O órgão competente para apreciar a impugnação do acto e o prazo para este efeito, no caso de o acto não ser susceptível de recurso contencioso.

2. O texto integral do acto pode ser substituído pela indicação resumida do seu conteúdo e objecto, quando o acto tiver deferido inteiramente a pretensão formulada pelo interessado ou respeite à prática de diligências processuais.

ARTIGO 69.º
(Prazo das notificações)

Quando não exista prazo especialmente fixado, os actos administrativos devem ser notificados no prazo de oito dias.

ARTIGO 70.º (*)
(Forma das notificações)

1. As notificações podem ser feitas:

a) Por via postal, desde que exista distribuição domiciliária na localidade de residência ou sede do notificando;

b) Pessoalmente, se esta forma de notificação não prejudicar a celeridade do procedimento ou se for inviável a notificação por via postal;

c) Por telegrama, telefone, telex ou telefax, se a urgência do caso recomendar o uso de tais meios;

d) Por edital a afixar nos locais do estilo, ou anúncio a publicar no *Diário da República*, no boletim municipal ou em dois jornais mais lidos da localidade da residência ou sede dos notificandos, se os interessados forem desconhecidos ou em tal número que torne inconveniente outra forma de notificação.

2. Sempre que a notificação seja feita por telefone, será a mesma confirmada nos termos das alíneas *a)* e *b)* do número anterior, consoante os casos, no dia útil imediato, sem prejuízo de a notificação se considerar feita na data da primeira comunicação.

SECÇÃO II
Dos prazos

ARTIGO 71.º (*)
(Prazo geral)

1. Excluindo o disposto nos artigos 108.º e 109.º, e na falta de disposição especial ou de fixação pela Administração, o prazo para os actos a praticar pelos órgãos administrativos é de 10 dias.

2. É igualmente de 10 dias o prazo para os interessados requererem ou praticarem quaisquer actos, promoverem diligências, responderem sobre os assuntos acerca dos quais se devam pronunciar ou exercerem outros poderes no procedimento.

ARTIGO 72.º (*)
(Contagem dos prazos)

1. À contagem dos prazos são aplicáveis as seguintes regras:

a) Não se inclui na contagem o dia em que ocorrer o evento a partir do qual o prazo começa a correr;

b) O prazo começa a correr independentemente de quaisquer formalidades e suspende-se nos sábados, domingos e feriados;

c) O termo do prazo que caia em dia em que o serviço perante o qual deva ser praticado o acto não esteja aberto ao público, ou não funcione durante o período normal, transfere-se para o primeiro dia útil seguinte.

2. Na contagem dos prazos legalmente fixados em mais de seis meses incluem-se os sábados, domingos e feriados.

ARTIGO 73.º
(Dilação)

1. Se os interessados residirem ou se encontrarem fora do continente e neste se localizar o serviço por onde o procedimento corra, os prazos fixados na lei, se não atenderem já a essa circunstância, só se iniciam depois de decorridos:

a) 5 dias, se os interessados residirem ou se encontrarem no território das regiões autónomas;

b) 15 dias, se os interessados residirem ou se encontrarem em país estrangeiro europeu;

c) 30 dias, se os interessados residirem ou se encontrarem em Macau ou em país estrangeiro fora da Europa.

2. A dilação da alínea *a*) do número anterior é igualmente aplicável se o procedimento correr em serviço localizado numa região autónoma e os interessados residirem ou se encontrarem noutra ilha da mesma região autónoma, na outra região autónoma ou no continente.

3. As dilações das alíneas *b*) e *c*) do n.º 1 são aplicáveis aos procedimentos que corram em serviços localizados nas regiões autónomas.

CAPÍTULO IV
Da marcha do procedimento

SECÇÃO I
Do início

ARTIGO 74.º
(Requerimento inicial)

1. O requerimento inicial dos interessados, salvo nos casos em que a lei admite o pedido verbal, deve ser formulado por escrito e conter:

a) A designação do órgão administrativo a que se dirige;

b) A identificação do requerente, pela indicação do nome, estado, profissão e residência;

c) A exposição dos factos em que se baseia o pedido e, quando tal seja possível ao requerente, os respectivos fundamentos de direito;

d) A indicação do pedido, em termos claros e precisos;

e) A data e a assinatura do requerente, ou de outrem a seu rogo, se o mesmo não souber ou não puder assinar.

2. Em cada requerimento não pode ser formulado mais de um pedido, salvo se se tratar de pedidos alternativos ou subsidiários.

ARTIGO 75.º
(Formulação verbal do requerimento)

Quando a lei admita a formulação verbal do requerimento, será lavrado termo para este efeito, o qual deve conter as menções a que se

54 Código do Procedimento Administrativo

referem as alíneas *a*) a *d*) do n.º 1 do artigo anterior e ser assinado, depois de datado, pelo requerente e pelo agente que receba o pedido.

ARTIGO 76.º
(Deficiência do requerimento inicial)

1. Se o requerimento inicial não satisfizer o disposto no artigo 74.º, o requerente será convidado a suprir as deficiências existentes.

2. Sem prejuízo do disposto no número anterior, devem os órgãos e agentes administrativos procurar suprir oficiosamente as deficiências dos requerimentos, de modo a evitar que os interessados sofram prejuízos por virtude de simples irregularidades ou de mera imperfeição na formulação dos seus pedidos.

3. Serão liminarmente indeferidos os requerimentos não identificados e aqueles cujo pedido seja ininteligível.

ARTIGO 77.º
Apresentação de requerimentos

1. Os requerimentos devem ser apresentados nos serviços dos órgãos aos quais são dirigidos, salvo o disposto nos números seguintes.

2. Os requerimentos dirigidos aos órgãos centrais podem ser apresentados nos serviços locais desconcentrados do mesmo ministério ou organismo, quando os interessados residem na área da competência destes.

3. Quando os requerimentos sejam dirigidos a órgãos que não disponham de serviços na área da residência dos interessados, podem aqueles ser apresentados na secretaria do Governo Civil do respectivo distrito ou nos Gabinetes dos Ministros da República para a Região Autónoma dos Açores ou da Madeira.

4. Os requerimentos apresentados nos termos previstos nos números anteriores são remetidos aos órgãos competentes pelo registo do correio e no prazo de três dias após o seu recebimento, com a indicação da data em que este se verificou.

ARTIGO 78.°
(Apresentação dos requerimentos em representações diplomáticas ou consulares)

1. Os requerimentos podem também ser apresentados nos serviços das representações diplomáticas ou consulares sediadas no país em que residam ou se encontrem os interessados.

2. As representações diplomáticas ou consulares remeterão os requerimentos aos órgãos a quem sejam dirigidos, com a indicação da data em que se verificou o recebimento.

ARTIGO 79.°
(Envio de requerimento pelo correio)

Salvo disposição em contrário, os requerimentos dirigidos a órgãos administrativos podem ser remetidos pelo correio, com aviso de recepção.

ARTIGO 80.°
(Registo de apresentação de requerimentos)

1. A apresentação de requerimentos, qualquer que seja o modo por que se efectue, será sempre objecto de registo, que menciona o respectivo número de ordem, a data, o objecto do requerimento, o número de documentos juntos e o nome do requerente.

2. Os requerimentos são registados segundo a ordem da sua apresentação, considerando-se simultaneamente apresentados os recebidos pelo correio na mesma distribuição.

3. O registo será anotado nos requerimentos, mediante a menção do respectivo número e data.

ARTIGO 81.°
(Recibo da entrega de requerimentos)

1. Os interessados podem exigir recibo comprovativo da entrega dos requerimentos apresentados.

56   *Código do Procedimento Administrativo*

2. O recibo pode ser passado em duplicado ou em fotocópia do requerimento que o requerente apresente para esse fim.

ARTIGO 82.°
(Outros escritos apresentados pelos interessados)

O disposto nesta secção é aplicável, com as devidas adaptações, às exposições, reclamações, respostas e outros escritos semelhantes apresentados pelos interessados.

ARTIGO 83.°
(Questões que prejudiquem o desenvolvimento normal do procedimento)

O órgão administrativo, logo que estejam apurados os elementos necessários, deve conhecer de qualquer questão que prejudique o desenvolvimento normal do procedimento ou impeça a tomada de decisão sobre o seu objecto e, nomeadamente, das seguintes questões:

a) A incompetência do órgão administrativo;
b) A caducidade do direito que se pretende exercer;
c) A ilegitimidade dos requerentes;
d) A extemporaneidade do pedido.

SECÇÃO II
Das medidas provisórias

ARTIGO 84.° (*)
(Admissibilidade de medidas provisórias)

1. Em qualquer fase do procedimento pode o órgão competente para a decisão final, oficiosamente ou a requerimento dos interessados, ordenar as medidas provisórias que se mostrem necessárias, se houver justo receio de, sem tais medidas, se produzir lesão grave ou de difícil reparação dos interesses públicos em causa.

Artigo 86.º   57

2. A decisão de ordenar ou alterar qualquer medida provisória deve ser fundamentada e fixar prazo para a sua validade.

3. A revogação das medidas provisórias também deve ser fundamentada.

4. O recurso hierárquico necessário das medidas provisórias não suspende a sua eficácia, salvo quando o órgão competente o determine.

ARTIGO 85.º
(Caducidade das medidas provisórias)

Salvo disposição especial, as medidas provisórias caducam:

a) Logo que for proferida decisão definitiva no procedimento;

b) Quando decorrer o prazo que lhes tiver sido fixado, ou a respectiva prorrogação;

c) Se decorrer o prazo fixado na lei para a decisão final;

d) Se, não estando estabelecido tal prazo, a decisão final não for proferida dentro dos seis meses seguintes à instauração do procedimento.

SECÇÃO III
Da instrução

SUBSECÇÃO I
Disposições gerais

ARTIGO 86.º
(Direcção da instrução)

1. A direcção da instrução cabe ao órgão competente para a decisão, salvo o disposto nos diplomas orgânicos dos serviços ou em preceitos especiais.

2. O órgão competente para a decisão pode delegar a competência para a direcção da instrução em subordinado seu, excepto nos casos em que a lei imponha a sua direcção pessoal.

58 *Código do Procedimento Administrativo*

3. O órgão competente para dirigir a instrução pode encarregar subordinado seu da realização de diligências instrutórias específicas.

4. Nos órgãos colegiais, as delegações previstas no n.º 2 podem ser conferidas a membros do órgão ou a agente dele dependente.

ARTIGO 87.º
(Factos sujeitos a prova)

1. O órgão competente deve procurar averiguar todos os factos cujo conhecimento seja conveniente para a justa e rápida decisão do procedimento, podendo, para o efeito, recorrer a todos os meios de prova admitidos em direito.

2. Não carecem de prova nem de alegação os factos notórios, bem como os factos de que o órgão competente tenha conhecimento em virtude do exercício das suas funções.

3. O órgão competente fará constar do procedimento os factos de que tenha conhecimento em virtude do exercício das suas funções.

ARTIGO 88.º
(Ónus da prova)

1. Cabe aos interessados provar os factos que tenham alegado, sem prejuízo do dever cometido ao órgão competente nos termos do n.º 1 do artigo anterior.

2. Os interessados podem juntar documentos e pareceres ou requerer diligências de prova úteis para o esclarecimento dos factos com interesse para a decisão.

3. As despesas resultantes das diligências de prova serão suportadas pelos interessados que as tiverem requerido, sem prejuízo do disposto no n.º 2 do artigo 11.º.

ARTIGO 89.°
(Solicitação de provas aos interessados)

1. O órgão que dirigir a instrução pode determinar aos interessados a prestação de informações, a apresentação de documentos ou coisas, a sujeição a inspecções e a colaboração noutros meios de prova.

2. É legítima a recusa às determinações previstas no número anterior, quando a obediência às mesmas:

a) Envolver a violação de segredo profissional;

b) Implicar o esclarecimento de factos cuja revelação esteja proibida ou dispensada por lei;

c) Importar a revelação de factos puníveis, praticados pelo próprio interessado, pelo seu cônjuge ou por seu ascendente ou descendente, irmão ou afim nos mesmos graus;

d) For susceptível de causar dano moral ou material ao próprio interessado ou a alguma das pessoas referidas na alínea anterior.

ARTIGO 90.°
(Forma da prestação de informações
ou da apresentação de provas)

1. Quando seja necessária a prestação de informações ou a apresentação de provas pelos interessados, serão estes notificados para o fazerem, por escrito ou oralmente, no prazo e condições que forem fixados.

2. Se o interessado não residir no município da sede do órgão instrutor, a prestação verbal de informações pode ter lugar através de órgão ou serviço com sede no município da sua residência, determinado pelo instrutor, salvo se o interessado preferir comparecer perante o órgão instrutor.

ARTIGO 91.°
(Falta de prestação de provas)

1. Se os interessados regularmente notificados para a prática de qualquer acto previsto no artigo anterior não derem cumprimento à notificação, poderá proceder-se a nova notificação ou prescindir-se da prática do acto, conforme as circunstâncias aconselharem.

2. A falta de cumprimento da notificação é livremente apreciada para efeitos de prova, consoante as circunstâncias do caso, não dispensando o órgão administrativo de procurar averiguar os factos, nem de proferir a decisão.

3. Quando as informações, documentos ou actos solicitados ao interessado sejam necessários à apreciação do pedido por ele formulado, não será dado seguimento ao procedimento, disso se notificando o particular.

ARTIGO 92.° (*)
(Realização de diligências por outros serviços)

O órgão instrutor pode solicitar a realização de diligências de prova a outros serviços da administração central, regional ou local, quando elas não possam ser por si efectuadas.

ARTIGO 93.°
(Produção antecipada de prova)

1. Havendo justo receio de vir a tornar-se impossível ou de difícil realização a produção de qualquer prova com interesse para a decisão, pode o órgão competente, oficiosamente ou a pedido fundamentado dos interessados, proceder à sua recolha antecipada.

2. A produção antecipada de prova pode ter lugar antes da instauração do procedimento.

SUBSECÇÃO II
Dos exames e outras diligências

ARTIGO 94.°
(Realização de diligências)

1. Os exames, vistorias, avaliações e outras diligências semelhantes são efectuados por perito ou peritos com os conhecimentos especializados necessários às averiguações que constituam o respectivo objecto.

2. As diligências previstas neste artigo podem, também, ser solicitadas directamente a serviços públicos que, pela sua competência, sejam aptos para a respectiva realização.

3. A forma de nomeação de peritos e a sua remuneração são estabelecidas em diploma próprio.

ARTIGO 95.°
(Notificação aos interessados)

1. Os interessados serão notificados da diligência ordenada, do respectivo objecto e do perito ou peritos para ela designados pela Administração, salvo se a diligência incidir sobre matérias de carácter secreto ou confidencial.

2. Na notificação dar-se-á também conhecimento, com a antecedência mínima de 10 dias, da data, hora e local em que terá início a diligência.

ARTIGO 96.°
(Designação de peritos pelos interessados)

Quando a Administração designe peritos, podem os interessados indicar os seus em número igual ao da Administração.

ARTIGO 97.°
(Formulação de quesitos aos peritos)

1. O órgão que dirigir a instrução e os interessados podem formular quesitos a que os peritos deverão responder, ou determinar a estes que se pronunciem expressamente sobre certos pontos.

2. O órgão que dirigir a instrução pode excluir do objecto da diligência os quesitos ou pontos indicados pelos interessados que tenham por objecto matéria de carácter secreto ou confidencial.

SUBSECÇÃO III
Dos pareceres

ARTIGO 98.°
(Espécies de pareceres)

1. Os pareceres são obrigatórios ou facultativos, consoante sejam ou não exigidos por lei; e são vinculativos ou não vinculativos, conforme as respectivas conclusões tenham ou não de ser seguidas pelo órgão competente para a decisão.

2. Salvo disposição expressa em contrário, os pareceres referidos na lei consideram-se obrigatórios e não vinculativos.

ARTIGO 99.°
(Forma e prazo dos pareceres)

1. Os pareceres devem ser sempre fundamentados e concluir de modo expresso e claro sobre todas as questões indicadas na consulta.

2. Na falta de disposição especial, os pareceres serão emitidos no prazo de 30 dias, excepto quando o órgão competente para a instrução fixar, fundamentadamente, prazo diferente.

3. Quando um parecer obrigatório e não vinculativo não for emitido dentro dos prazos previstos no número anterior, pode o procedimento prosseguir e vir a ser decidido sem o parecer, salvo disposição legal expressa em contrário.

Artigo 102.º   63

SUBSECÇÃO IV
Da audiência dos interessados

ARTIGO 100.º (*)
(Audiência dos interessados)

1. Concluída a instrução, e salvo o disposto no artigo 103.º, os interessados têm o direito de ser ouvidos no procedimento antes de ser tomada a decisão final, devendo ser informados, nomeadamente, sobre o sentido provável desta.

2. O órgão instrutor decide, em cada caso, se a audiência dos interessados é escrita ou oral.

3. A realização da audiência dos interessados suspende a contagem de prazos em todos os procedimentos administrativos.

ARTIGO 101.º
(Audiência escrita)

1. Quando o órgão instrutor optar pela audiência escrita, notificará os interessados para, em prazo não inferior a 10 dias, dizerem o que se lhes oferecer.

2. A notificação fornece os elementos necessários para que os interessados fiquem a conhecer todos os aspectos relevantes para a decisão, nas matérias de facto e de direito, indicando também as horas e o local onde o processo poderá ser consultado.

3. Na resposta, os interessados podem pronunciar-se sobre as questões que constituem objecto do procedimento, bem como requerer diligências complementares e juntar documentos.

ARTIGO 102.º
(Audiência oral)

1. Se o órgão instrutor optar pela audiência oral, ordenará a convocação dos interessados com a antecedência de pelo menos oito dias.

2. Na audiência oral podem ser apreciadas todas as questões com interesse para a decisão, nas matérias de facto e de direito.

3. A falta de comparência dos interessados não constitui motivo de adiamento da audiência, mas, se for apresentada justificação da falta até ao momento fixado para a audiência, deve proceder-se ao adiamento desta.

4. Da audiência será lavrada acta, da qual consta o extracto das alegações feitas pelos interessados, podendo estes juntar quaisquer alegações escritas, durante a diligência ou posteriormente.

ARTIGO 103.º (*)
(Inexistência e dispensa de audiência dos interessados)

1. Não há lugar a audiência dos interessados:

a) Quando a decisão seja urgente;

b) Quando seja razoavelmente de prever que a diligência possa comprometer a execução ou a utilidade da decisão.

c) Quando o número de interessados a ouvir seja de tal forma elevado que a audiência se torne impraticável, devendo nesse caso proceder-se a consulta pública, quando possível, pela forma mais adequada.

2. O órgão instrutor pode dispensar a audiência dos interessados nos seguintes casos:

a) Se os interessados já se tiverem pronunciado no procedimento sobre as questões que importem à decisão e sobre as provas produzidas;

b) Se os elementos constantes do procedimento conduzirem a uma decisão favorável aos interessados.

ARTIGO 104.º
(Diligências complementares)

Após a audiência, podem ser efectuadas, oficiosamente ou a pedido dos interessados, as diligências complementares que se mostrem convenientes.

ARTIGO 105.°
(Relatório do instrutor)

Quando o órgão instrutor não for o orgão competente para a decisão final, elaborará um relatório no qual indica o pedido do interessado, resume o conteúdo do procedimento e formula uma proposta de decisão, sintetizando as razões de facto e de direito que a justificam.

SECÇÃO IV
Da decisão e outras causas de extinção

ARTIGO 106.°
(Causas de extinção)

O procedimento extingue-se pela tomada da decisão final, bem como por qualquer dos outros factos previstos nesta secção.

ARTIGO 107.°
(Decisão final expressa)

Na decisão final expressa, o órgão competente deve resolver todas as questões pertinentes suscitadas durante o procedimento e que não hajam sido decididas em momento anterior.

ARTIGO 108.°
(Deferimento tácito)

1. Quando a prática de um acto administrativo ou o exercício de um direito por um particular dependam de aprovação ou autorização de um órgão administrativo, consideram-se estas concedidas, salvo disposição em contrário, se a decisão não for proferida no prazo estabelecido por lei.

2. Quando a lei não fixar prazo especial, o prazo de produção do deferimento tácito será de 90 dias a contar da formulação do pedido ou da apresentação do processo para esse efeito.

3. Para os efeitos do disposto neste artigo, consideram-se dependentes de aprovação ou autorização de órgão administrativo, para além daqueles relativamente aos quais leis especiais prevejam o deferimento tácito, os casos de:

a) Licenciamento de obras particulares;

b) Alvarás de loteamento;

c) Autorizações de trabalho concedidas a estrangeiros;

d) Autorizações de investimento estrangeiro;

e) Autorização para laboração contínua;

f) Autorização de trabalho por turnos;

g) Acumulação de funções públicas e privadas.

4. Para o cômputo dos prazos previstos nos n.os 1 e 2 considera--se que os mesmos se suspendem sempre que o procedimento estiver parado por motivo imputável ao particular.

ARTIGO 109.º
(Indeferimento tácito)

1. Sem prejuízo do disposto no artigo anterior, a falta, no prazo fixado para a sua emissão, de decisão final sobre pretensão dirigida a órgão administrativo competente confere ao interessado, salvo disposição em contrário, a faculdade de presumir indeferida essa pretensão, para poder exercer o respectivo meio legal de impugnação.

2. O prazo a que se refere o número anterior é, salvo o disposto em lei especial, de 90 dias.

3. Os prazos referidos no número anterior contam-se, na falta de disposição especial:

a) Da data de entrada do requerimento ou petição no serviço competente, quando a lei não imponha formalidades especiais para a fase preparatória da decisão;

b) Do termo do prazo fixado na lei para a conclusão daquelas formalidades ou, na falta de fixação, do termo dos três meses seguintes à apresentação da pretensão;

c) Da data do conhecimento da conclusão das mesmas formalidades, se essa for anterior ao termo do prazo aplicável de acordo com a alínea anterior.

ARTIGO 110.º
(Desistência e renúncia)

1. Os interessados podem, mediante requerimento escrito, desistir do procedimento ou de alguns dos pedidos formulados, bem como renunciar aos seus direitos ou interesses legalmente protegidos, salvo nos casos previstos na lei.

2. A desistência ou renúncia dos interessados não prejudica a continuação do procedimento, se a Administração entender que o interesse público assim o exige.

ARTIGO 111.º
(Deserção)

1. Será declarado deserto o procedimento que, por causa imputável ao interessado, esteja parado por mais de seis meses, salvo se houver interesse público na decisão do procedimento.

2. A deserção não extingue o direito que o particular pretendia fazer valer.

ARTIGO 112.º
(Impossibilidade ou inutilidade superveniente)

1. O procedimento extingue-se quando o órgão competente para a decisão verificar que a finalidade a que ele se destinava ou o objecto da decisão se tornaram impossíveis ou inúteis.

2. A declaração da extinção a que se refere o número anterior é sempre fundamentada, dela cabendo recurso contencioso nos termos gerais.

ARTIGO 113.° (*)
(Falta de pagamento de taxas ou despesas)

1. O procedimento extingue-se pela falta de pagamento, no prazo devido, de quaisquer taxas ou despesas de que a lei faça depender a realização dos actos procedimentais, salvo os casos previstos no n.° 2 do artigo 11.°.

2. Os interessados podem obstar à extinção do procedimento se realizarem o pagamento em dobro da quantia em falta nos 10 dias seguintes ao termo do prazo fixado para o seu pagamento.

PARTE IV
DA ACTIVIDADE ADMINISTRATIVA

CAPÍTULO I
Do regulamento

ARTIGO 114.º
(Âmbito de aplicação)

As disposições do presente capítulo aplicam-se a todos os regulamentos da Administração Pública.

ARTIGO 115.º
(Petições)

1. Os interessados podem apresentar aos órgãos competentes petições em que solicitem a elaboração, modificação ou revogação de regulamentos, as quais devem ser fundamentadas, sem o que a Administração não tomará conhecimento delas.

2. O órgão com competência regulamentar informará os interessados do destino dado às petições formuladas ao abrigo do n.º 1, bem como dos fundamentos da posição que tomar em relação a elas.

ARTIGO 116.º
(Projecto de regulamento)

Todo o projecto de regulamento é acompanhado de uma nota justificativa fundamentada.

ARTIGO 117.º
(Audiência dos interessados)

1. Tratando-se de regulamento que imponha deveres, sujeições ou encargos, e quando a isso se não oponham razões de interesse público, as quais serão sempre fundamentadas, o órgão com competência regulamentar deve ouvir, em regra, sobre o respectivo projecto, nos termos definidos em legislação própria, as entidades representativas dos interesses afectados, caso existam.

2. No preâmbulo do regulamento far-se-á menção das entidades ouvidas.

ARTIGO 118.º
(Apreciação pública)

1. Sem prejuízo do disposto no artigo anterior e quando a natureza da matéria o permita, o órgão competente deve, em regra, nos termos a definir na legislação referida no artigo anterior, submeter a apreciação pública, para recolha de sugestões, o projecto de regulamento, o qual será, para o efeito, publicado na 2.ª série do *Diário da República* ou no jornal oficial da entidade em causa.

2. Os interessados devem dirigir por escrito as suas sugestões ao órgão com competência regulamentar, dentro do prazo de 30 dias contados da data da publicação do projecto de regulamento.

3. No preâmbulo do regulamento far-se-á menção de que o respectivo projecto foi objecto de apreciação pública, quando tenha sido o caso.

ARTIGO 119.º
(Regulamentos de execução e revogatórios)

1. Os regulamentos necessários à execução das leis em vigor não podem ser objecto de revogação global sem que a matéria seja simultaneamente objecto de nova regulamentação.

2. Nos regulamentos far-se-á sempre menção especificada das normas revogadas.

CAPÍTULO II
Do acto administrativo

SECÇÃO I
Da validade do acto administrativo

ARTIGO 120.º
(Conceito de acto administrativo)

Para os efeitos da presente lei, consideram-se actos administrativos as decisões dos órgãos da Administração que ao abrigo de normas de direito público visem produzir efeitos jurídicos numa situação individual e concreta.

ARTIGO 121.º
(Condição, termo ou modo)

Os actos administrativos podem ser sujeitos a condição, termo ou modo, desde que estes não sejam contrários à lei ou ao fim a que o acto se destina.

ARTIGO 122.º
(Forma dos actos)

1. Os actos administrativos devem ser praticados por escrito, desde que outra forma não seja prevista por lei ou imposta pela natureza e circunstâncias do acto.

2. A forma escrita só é obrigatória para os actos dos órgãos colegiais quando a lei expressamente a determinar, mas esses actos

72 *Código do Procedimento Administrativo*

devem ser sempre consignados em acta, sem o que não produzirão efeitos.

ARTIGO 123.º (*)
(Menções obrigatórias)

1. Sem prejuízo de outras referências especialmente exigidas por lei, devem sempre constar do acto:

a) A indicação da autoridade que o praticou e a menção da delegação ou subdelegação de poderes, quando exista;

b) A identificação adequada do destinatário ou destinatários;

c) A enunciação dos factos ou actos que lhe deram origem, quando relevantes;

d) A fundamentação, quando exigível;

e) O conteúdo ou o sentido da decisão e o respectivo objecto;

f) A data em que é praticado;

g) A assinatura do autor do acto ou do presidente do órgão colegial de que emane.

2. Todas as menções exigidas pelo número anterior devem ser enunciadas de forma clara, precisa e completa, de modo a poderem determinar-se inequivocamente o seu sentido e alcance e os efeitos jurídicos do acto administrativo.

ARTIGO 124.º
(Dever de fundamentação)

1. Para além dos casos em que a lei especialmente o exija, devem ser fundamentados os actos administrativos que, total ou parcialmente:

a) Neguem, extingam, restrinjam ou afectem por qualquer modo direitos ou interesses legalmente protegidos, ou imponham ou agravem deveres, encargos ou sanções;

b) Decidam reclamação ou recurso;

c) Decidam em contrário de pretensão ou oposição formulada por interessado, ou de parecer, informação ou proposta oficial;

d) Decidam de modo diferente da prática habitualmente seguida na resolução de casos semelhantes, ou na interpretação e aplicação dos mesmos princípios ou preceitos legais;

e) Impliquem revogação, modificação ou supensão de acto administrativo anterior.

2. Salvo disposição da lei em contrário, não carecem de ser fundamentados os actos de homologação de deliberações tomadas por júris, bem como as ordens dadas pelos superiores hierárquicos aos seus subalternos em matéria de serviço e com a forma legal.

ARTIGO 125.°
(Requisitos da fundamentação)

1. A fundamentação deve ser expressa, através de sucinta exposição dos fundamentos de facto e de direito da decisão, podendo consistir em mera declaração de concordância com os fundamentos de anteriores pareceres, informações ou propostas, que constituirão neste caso parte integrante do respectivo acto.

2. Equivale à falta de fundamentação a adopção de fundamentos que, por obscuridade, contradição ou insuficiência, não esclareçam concretamente a motivação do acto.

3. Na resolução de assuntos da mesma natureza, pode utilizar-se qualquer meio mecânico que reproduza os fundamentos das decisões, desde que tal não envolva diminuição das garantias dos interessados.

ARTIGO 126.°
(Fundamentação de actos orais)

1. A fundamentação dos actos orais abrangidos pelo n.° 1 do artigo 124.° que não constem de acta deve, a requerimento dos interessados, e para efeitos de impugnação, ser reduzida a escrito e comuni-

74 *Código do Procedimento Administrativo*

cada integralmente àqueles, no prazo de dez dias, através da expedição de ofício sob registo do correio ou de entrega de notificação pessoal, a cumprir no mesmo prazo.

2. O não exercício, pelos interessados, da faculdade conferida pelo número anterior não prejudica os efeitos da eventual falta de fundamentação do acto.

SECÇÃO II
Da eficácia do acto administrativo

ARTIGO 127.º
(Regra geral)

1. O acto administrativo produz os seus efeitos desde a data em que for praticado, salvo nos casos em que a lei ou o próprio acto lhe atribuam eficácia retroactiva ou diferida.

2. Para efeitos do disposto no número anterior, o acto considera-se praticado logo que estejam preenchidos os seus elementos, não obstando à perfeição do acto, para esse fim, qualquer motivo determinante de anulabilidade.

ARTIGO 128.º (*)
(Eficácia retroactiva)

1. Têm eficácia retroactiva os actos administrativos:

a) Que se limitem a interpretar actos anteriores;

b) Que dêem execução a decisões dos tribunais, anulatórias de actos administrativos, salvo tratando-se de actos renováveis;

c) A que a lei atribua efeito retroactivo.

2. Fora dos casos abrangidos pelo número anterior, o autor do acto administrativo só pode atribuir-lhe eficácia retroactiva:

a) Quando a retroactividade seja favorável para os interessados e não lese direitos ou interesses legalmente protegidos de terceiros, desde que à data a que se pretende fazer remontar a eficácia do acto já existissem os pressupostos justificativos da retroactividade;

b) Quando estejam em causa decisões revogatórias de actos administrativos tomadas por órgãos ou agentes que os praticaram, na sequência de reclamação ou recurso hierárquico;

c) Quando a lei o permitir.

ARTIGO 129.º
(Eficácia diferida)

O acto administrativo tem eficácia diferida:

a) Quando estiver sujeito a aprovação ou a referendo;

b) Quando os seus efeitos ficarem dependentes de condição ou termo suspensivos;

c) Quando os seus efeitos, pela natureza do acto ou por disposição legal, dependerem da verificação de qualquer requisito que não respeite à validade do próprio acto.

ARTIGO 130.º
(Publicidade obrigatória)

1. A publicidade dos actos administrativos só é obrigatória quando exigida por lei.

2. A falta de publicidade do acto, quando legalmente exigida, implica a sua ineficácia.

ARTIGO 131.º
(Termos da publicação obrigatória)

Quando a lei impuser a publicação do acto mas não regular os respectivos termos, deve a mesma ser feita no *Diário da República,* ou na publicação oficial adequada a nível regional ou local, no prazo de 30 dias, e conter todos os elementos referidos no n.º 2 do artigo 123.º.

ARTIGO 132.º
(Eficácia dos actos constitutivos de deveres ou encargos)

1. Os actos que constituam deveres ou encargos para os particulares e não estejam sujeitos a publicação começam a produzir efeitos a partir da sua notificação aos destinatários, ou de outra forma de conhecimento oficial pelos mesmos, ou do começo de execução do acto.

2. Presume-se o conhecimento oficial sempre que o interessado intervenha no procedimento administrativo e aí revele conhecer o conteúdo do acto.

3. Para os fins do n.º 1, só se considera começo de execução o início da produção de quaisquer efeitos que atinjam os destinatários.

SECÇÃO III
Da invalidade do acto administrativo

ARTIGO 133.º
(Actos nulos)

1. São nulos os actos a que falte qualquer dos elementos essenciais ou para os quais a lei comine expressamente essa forma de invalidade.

2. São, designadamente, actos nulos:

a) Os actos viciados de usurpação de poder;

b) Os actos estranhos às atribuições dos ministérios ou das pessoas colectivas referidas no artigo 2.º em que o seu autor se integre;

c) Os actos cujo objecto seja impossível, ininteligível ou constitua um crime;

d) Os actos que ofendam o conteúdo essencial de um direito fundamental;

e) Os actos praticados sob coacção;

f) Os actos que careçam em absoluto de forma legal;

g) As deliberações de órgãos colegiais que forem tomadas tumultuosamente ou com inobservância do quórum ou da maioria legalmente exigidos;

Artigo 136.° 77

h) Os actos que ofendam os casos julgados;

i) Os actos consequentes de actos administrativos anteriormente anulados ou revogados, desde que não haja contra-interessados com interesse legítimo na manutenção do acto consequente.

ARTIGO 134.°
(Regime da nulidade)

1. O acto nulo não produz quaisquer efeitos jurídicos, independentemente da declaração de nulidade.

2. A nulidade é invocável a todo o tempo por qualquer interessado e pode ser declarada, também a todo o tempo, por qualquer órgão administrativo ou por qualquer tribunal.

3. O disposto nos números anteriores não prejudica a possibilidade de atribuição de certos efeitos jurídicos a situações de facto decorrentes de actos nulos, por força do simples decurso do tempo, de harmonia com os princípios gerais de direito.

ARTIGO 135.°
(Actos anuláveis)

São anuláveis os actos administrativos praticados com ofensa dos princípios ou normas jurídicas aplicáveis para cuja violação se não preveja outra sanção.

ARTIGO 136.°
(Regime da anulabilidade)

1. O acto administrativo anulável pode ser revogado nos termos previstos no artigo 141.°.

2. O acto anulável é susceptível de impugnação perante os tribunais nos termos da legislação reguladora do contencioso administrativo.

ARTIGO 137.º
(Ratificação, reforma e conversão)

1. Não são susceptíveis de ratificação, reforma e conversão os actos nulos ou inexistentes.

2. São aplicáveis à ratificação, reforma e conversão dos actos administrativos anuláveis as normas que regulam a competência para a revogação dos actos inválidos e a sua tempestividade.

3. Em caso de incompetência, o poder de ratificar o acto cabe ao órgão competente para a sua prática.

4. Desde que não tenha havido alteração ao regime legal, a ratificação, reforma e conversão retroagem os seus efeitos à data dos actos a que respeitam.

SECÇÃO IV
Da revogação do acto administrativo

ARTIGO 138.º
(Iniciativa da revogação)

Os actos administrativos podem ser revogados por iniciativa dos órgãos competentes, ou a pedido dos interessados, mediante reclamação ou recurso administrativo.

ARTIGO 139.º
(Actos insusceptíveis de revogação)

1. Não são susceptíveis de revogação:
a) Os actos nulos ou inexistentes;
b) Os actos anulados contenciosamente;
c) Os actos revogados com eficácia retroactiva.

2. Os actos cujos efeitos tenham caducado ou se encontrem esgotados podem ser objecto de revogação com eficácia retroactiva.

ARTIGO 140.º
(Revogabilidade dos actos válidos)

1. Os actos administrativos que sejam válidos são livremente revogáveis, excepto nos casos seguintes:

a) Quando a sua irrevogabilidade resultar de vinculação legal;

b) Quando forem constitutivos de direitos ou de interesses legalmente protegidos;

c) Quando deles resultem, para a Administração, obrigações legais ou direitos irrenunciáveis.

2. Os actos constitutivos de direitos ou interesses legalmente protegidos são, contudo, revogáveis:

a) Na parte em que sejam desfavoráveis aos interesses dos seus destinatários;

b) Quando todos os interessados dêem a sua concordância à revogação do acto e não se trate de direitos ou interesses indisponíveis.

ARTIGO 141.º
(Revogabilidade dos actos inválidos)

1. Os actos administrativos que sejam inválidos só podem ser revogados com fundamento na sua invalidade e dentro do prazo do respectivo recurso contencioso ou até à resposta da entidade recorrida.

2. Se houver prazos diferentes para o recurso contencioso, atender-se-á ao que terminar em último lugar.

ARTIGO 142.º
(Competência para a revogação)

1. Salvo disposição especial, são competentes para a revogação dos actos administrativos, além dos seus autores, os respectivos superiores hierárquicos, desde que não se trate de acto da competência exclusiva do subalterno.

2. Os actos administrativos praticados por delegação ou subdelegação de poderes podem ser revogados pelo órgão delegante ou sub-

80   *Código do Procedimento Administrativo*

delegante, bem como pelo delegado ou subdelegado enquanto vigorar a delegação ou subdelegação.

3. Os actos administrativos praticados por órgãos sujeitos a tutela administrativa só podem ser revogados pelos órgãos tutelares nos casos expressamente permitidos por lei.

ARTIGO 143.º
(Forma dos actos de revogação)

1. O acto de revogação, salvo disposição especial, deve revestir a forma legalmente prescrita para o acto revogado.

2. No entanto, deve o acto de revogação revestir a mesma forma que tiver sido utilizada na prática do acto revogado quando a lei não estabelecer forma alguma para este, ou quando o acto revogado tiver revestido forma mais solene do que a legalmente prevista.

ARTIGO 144.º
(Formalidades a observar na revogação)

São de observar na revogação dos actos administrativos as formalidades exigidas para a prática do acto revogado, salvo nos casos em que a lei dispuser de forma diferente.

ARTIGO 145.º
(Eficácia da revogação)

1. A revogação dos actos administrativos apenas produz efeitos para o futuro, salvo o disposto nos números seguintes.

2. A revogação tem efeito retroactivo, quando se fundamente na invalidade do acto revogado.

3. O autor da revogação pode, no próprio acto, atribuir-lhe efeito retroactivo:

a) Quando este seja favorável aos interessados;

b) Quando os interessados tenham concordado expressamente com a retroactividade dos efeitos e estes não respeitem a direitos ou interesses indisponíveis.

ARTIGO 146.º
(Efeitos repristinatórios da revogação)

A revogação de um acto revogatório só produz efeitos repristinatórios se a lei ou o acto de revogação assim expressamente o determinarem.

ARTIGO 147.º
(Alteração e substituição dos actos administrativos)

Na falta de disposição especial, são aplicáveis à alteração e substituição dos actos administrativos as normas reguladoras da revogação.

ARTIGO 148.º
(Rectificação dos actos administrativos)

1. Os erros de cálculo e os erros materiais na expressão da vontade do órgão administrativo, quando manifestos, podem ser rectificados, a todo o tempo, pelos órgãos competentes para a revogação do acto.

2. A rectificação pode ter lugar oficiosamente ou a pedido dos interessados, tem efeitos retroactivos e deve ser feita sob a forma e com a publicidade usadas para a prática do acto rectificado.

82 *Código do Procedimento Administrativo*

SECÇÃO V
Da execução do acto administrativo

ARTIGO 149.º (*)
(Executoriedade)

1. Os actos administrativos são executórios logo que eficazes.

2. O cumprimento das obrigações e o respeito pelas limitações que derivam de um acto administrativo podem ser impostos coercivamente pela Administração sem recurso prévio aos tribunais, desde que a imposição seja feita pelas formas e nos termos previstos no presente Código ou admitidos por lei.

3. O cumprimento das obrigações pecuniárias resultantes de actos administrativos pode ser exigido pela Administração nos termos do artigo 155.º.

ARTIGO 150.º
(Actos não executórios)

1. Não são executórios:
a) Os actos cuja eficácia esteja suspensa;
b) Os actos de que tenha sido interposto recurso com efeito suspensivo;
c) Os actos sujeitos a aprovação;
d) Os actos confirmativos de actos executórios.

2. A eficácia dos actos administrativos pode ser suspensa pelos órgãos competentes para a sua revogação e pelos órgãos tutelares a quem a lei conceda esse poder, bem como pelos tribunais administrativos nos termos da legislação do contencioso administrativo.

ARTIGO 151.º
(Legalidade da execução)

1. Salvo em estado de necessidade, os órgãos da Administração Pública não podem praticar nenhum acto ou operação material de que

resulte limitação de direitos subjectivos ou interesses legalmente protegidos dos particulares, sem terem praticado previamente o acto
administrativo que legitime tal actuação.

2. Na execução dos actos administrativos devem, na medida do
possível, ser utilizados os meios que, garantindo a realização integral
dos seus objectivos, envolvam menor prejuízo para os direitos e interesses dos particulares.

3. Os interessados podem impugnar administrativa e contenciosamente os actos e operações de execução que excedam os limites do
acto exequendo.

4. São também susceptíveis de impugnação contenciosa os actos
e operações de execução arguidos de ilegalidade, desde que esta não
seja consequência da ilegalidade do acto exequendo.

ARTIGO 152.°
(Notificação da execução)

1. A decisão de proceder à execução administrativa é sempre
notificada ao seu destinatário antes de se iniciar a execução.

2. O órgão administrativo pode fazer a notificação da execução
conjuntamente com a notificação do acto definitivo e executório.

ARTIGO 153.°
(Proibição de embargos)

Não são admitidos embargos, administrativos ou judiciais, em
relação à execução coerciva dos actos administrativos, sem prejuízo do
disposto na lei em matéria de suspensão da eficácia dos actos.

ARTIGO 154.°
(Fins da execução)

A execução pode ter por fim o pagamento de quantia certa, a
entrega de coisa certa ou a prestação de um facto.

Código do Procedimento Administrativo

ARTIGO 155.° (*)
(Execução para pagamento de quantia certa)

1. Quando, por força de um acto administrativo, devam ser pagas a uma pessoa colectiva pública, ou por ordem desta, prestações pecuniárias, seguir-se-á, na falta de pagamento voluntário no prazo fixado, o processo de execução fiscal regulado no Código de Processo Tributário.

2. Para o efeito, o órgão administrativo competente emitirá nos termos legais uma certidão, com valor de título executivo, que remeterá, juntamente com o processo administrativo, à repartição de finanças do domicílio ou sede do devedor.

3. Seguir-se-á o processo indicado no n.° 1 quando, na execução de actos fungíveis, estes forem realizados por pessoa diversa do obrigado.

4. No caso previsto no número anterior, a Administração optará por realizar directamente os actos de execução ou por encarregar terceiro de os praticar, ficando todas as despesas, incluindo indemnizações e sanções pecuniárias, por conta do obrigado.

ARTIGO 156.°
(Execução para entrega de coisa certa)

Se o obrigado não fizer a entrega da coisa que a Administração deveria receber, o órgão competente procederá às diligências que forem necessárias para tomar posse administrativa da coisa devida.

ARTIGO 157.°
(Execução para prestação de facto)

1. No caso de execução para prestação de facto fungível, a Administração notifica o obrigado para que proceda à prática do acto devido, fixando um prazo razoável para o seu cumprimento.

2. Se o obrigado não cumprir dentro do prazo fixado, a Administração optará por realizar a execução directamente ou por intermédio

Artigo 159.°

de terceiro, ficando neste caso todas as despesas, incluindo indemnizações e sanções pecuniárias, por conta do obrigado.

3. As obrigações positivas de prestação de facto infungível só podem ser objecto de coacção directa sobre os indivíduos obrigados nos casos expressamente previstos na lei, e sempre com observância dos direitos fundamentais consagrados na Constituição e do respeito devido à pessoa humana.

SECÇÃO VI
Da reclamação e dos recursos administrativos

SUBSECÇÃO I
Generalidades

ARTIGO 158.°
(Princípio geral)

1. Os particulares têm o direito de solicitar a revogação ou a modificação dos actos administrativos, nos termos regulados neste Código.

2. O direito reconhecido no número anterior pode ser exercido, consoante os casos:

a) Mediante reclamação para o autor do acto;

b) Mediante recurso para o superior hierárquico do autor do acto, para o órgão colegial de que este seja membro, ou para o delegante ou subdelegante;

c) Mediante recurso para o órgão que exerça poderes de tutela ou de superintendência sobre o autor do acto.

ARTIGO 159.°
(Fundamentos da impugnação)

Salvo disposição em contrário, as reclamações e os recursos podem ter por fundamento a ilegalidade ou a inconveniência do acto administrativo impugnado.

ARTIGO 160.°
(Legitimidade)

1. Têm legitimidade para reclamar ou recorrer os titulares de direitos subjectivos ou interesses legalmente protegidos que se considerem lesados pelo acto administrativo.

2. É aplicável à reclamação e aos recursos administrativos o disposto nos n.os 2 a 4 do artigo 53.°.

SUBSECÇÃO II
Da reclamação

ARTIGO 161.°
(Princípio geral)

1. Pode reclamar-se de qualquer acto administrativo, salvo disposição legal em contrário.

2. Não é possível reclamar de acto que decida anterior reclamação ou recurso administrativo, salvo com fundamento em omissão de pronúncia.

ARTIGO 162.°
(Prazo da reclamação)

A reclamação deve ser apresentada no prazo de 15 dias a contar:

a) Da publicação do acto no *Diário da República* ou em qualquer outro periódico oficial, quando a mesma seja obrigatória;

b) Da notificação do acto, quando esta se tenha efectuado, se a publicação não for obrigatória;

c) Da data em que o interessado tiver conhecimento do acto, nos restantes casos.

ARTIGO 163.º (*)
(Efeitos da reclamação)

1. A reclamação de acto de que não caiba recurso contencioso tem efeito suspensivo, salvo nos casos em que a lei disponha em contrário ou quando o autor do acto considere que a sua não execução imediata causa grave prejuízo ao interesse público.

2. A reclamação de acto de que caiba recurso contencioso não tem efeito suspensivo, salvo nos casos em que a lei disponha em contrário ou quando o autor do acto, oficiosamente ou a pedido dos interessados, considere que a execução imediata do acto cause prejuízos irreparáveis ou de difícil reparação ao seu destinatário.

3. A suspensão da execução a pedido dos interessados deve ser requerida à entidade competente para decidir no prazo de cinco dias a contar da data em que o processo lhe for apresentado.

4. Na apreciação do pedido verificar-se-á se as provas revelam uma probabilidade séria de veracidade dos factos alegados pelos interessados, devendo decretar-se, em caso afirmativo, a suspensão da eficácia.

5. O disposto nos números anteriores não prejudica o pedido de suspensão de eficácia perante os tribunais administrativos, nos termos da legislação aplicável.

ARTIGO 164.º (*)
(Prazos de recurso)

1. A reclamação de actos insusceptíveis de recurso contencioso suspende o prazo de interposição do recurso hierárquico necessário.

2. A reclamação dos demais actos não suspende nem interrompe o prazo de interposição do recurso que no caso couber.

ARTIGO 165.º
(Prazo para decisão)

O prazo para o órgão competente apreciar e decidir a reclamação é de 30 dias.

Código do Procedimento Administrativo

SUBSECÇÃO III
Do recurso hierárquico

ARTIGO 166.º
(Objecto)

Podem ser objecto de recurso hierárquico todos os actos administrativos praticados por órgãos sujeitos aos poderes hierárquicos de outros órgãos, desde que a lei não exclua tal possibilidade.

ARTIGO 167.º
(Espécies e âmbito)

1. O recurso hierárquico é necessário ou facultativo, consoante o acto a impugnar seja ou não insusceptível de recurso contencioso.
2. Ainda que o acto de que se interpõe recurso hierárquico seja susceptível de recurso contencioso, tanto a ilegalidade como a inconveniência do acto podem ser apreciados naquele.

ARTIGO 168.º
(Prazos de interposição)

1. Sempre que a lei não estabeleça prazo diferente, é de 30 dias o prazo para a interposição do recurso hierárquico necessário.
2. O recurso hierárquico facultativo deve ser interposto dentro do prazo estabelecido para interposição de recurso contencioso do acto em causa.

ARTIGO 169.º
(Interposição)

1. O recurso hierárquico interpõe-se por meio de requerimento no qual o recorrente deve expor todos os fundamentos do recurso, podendo juntar os documentos que considere convenientes.

2. O recurso é dirigido ao mais elevado superior hierárquico do autor do acto, salvo se a competência para a decisão se encontrar delegada ou subdelegada.

3. O requerimento de interposição do recurso pode ser apresentado ao autor do acto ou à autoridade a quem seja dirigido.

ARTIGO 170.º
(Efeitos)

1. O recurso hierárquico necessário suspende a eficácia do acto recorrido, salvo quando a lei disponha em contrário ou quando o autor do acto considere que a sua não execução imediata causa grave prejuízo ao interesse público.

2. O órgão competente para apreciar o recurso pode revogar a decisão a que se refere o número anterior, ou tomá-la quando o autor do acto o não tenha feito.

3. O recurso hierárquico facultativo não suspende a eficácia do acto recorrido.

ARTIGO 171.º
(Notificação dos contra-interessados)

Interposto o recurso, o órgão competente para dele conhecer deve notificar aqueles que possam ser prejudicados pela sua procedência para alegarem, no prazo de 15 dias, o que tiverem por conveniente sobre o pedido e os seus fundamentos.

ARTIGO 172.º (*)
(Intervenção do órgão recorrido)

1. No mesmo prazo referido no artigo anterior deve também o autor do acto recorrido pronunciar-se sobre o recurso e remetê-lo ao órgão competente para dele conhecer, notificando o recorrente da remessa do processo.

2. Quando os contra-interessados não hajam deduzido oposição e os elementos constantes do processo demonstrem suficientemente a procedência do recurso, pode o autor do acto recorrido revogar, modificar ou substituir o acto de acordo com o pedido do recorrente, informando da sua decisão o órgão competente para conhecer do recurso.

ARTIGO 173.º
(Rejeição do recurso)

O recurso deve ser rejeitado nos casos seguintes:
a) Quando haja sido interposto para órgão incompetente;
b) Quando o acto impugnado não seja susceptível de recurso;
c) Quando o recorrente careça de legitimidade;
d) Quando o recurso haja sido interposto fora do prazo;
e) Quando ocorra qualquer outra causa que obste ao conhecimento do recurso.

ARTIGO 174.º
(Decisão)

1. O órgão competente para conhecer do recurso pode, sem sujeição ao pedido do recorrente, salvas as excepções previstas na lei, confirmar ou revogar o acto recorrido; se a competência do autor do acto recorrido não for exclusiva, pode também modificá-lo ou substituí-lo.
2. O órgão competente para decidir o recurso pode, se for caso disso, anular, no todo ou em parte, o procedimento administrativo e determinar a realização de nova instrução ou de diligências complementares.

ARTIGO 175.º (*)
(Prazo para a decisão)

1. Quando a lei não fixe prazo diferente, o recurso hierárquico deve ser decidido no prazo de 30 dias contado a partir da remessa do processo ao órgão competente para dele conhecer.

2. O prazo referido no número anterior é elevado até ao máximo de 90 dias quando haja lugar à realização de nova instrução ou de diligências complementares.

3. Decorridos os prazos referidos nos números anteriores sem que haja sido tomada uma decisão, considera-se o recurso tacitamente indeferido.

SUBSECÇÃO IV
Do recurso hierárquico impróprio e do recurso tutelar

ARTIGO 176.°
(Recurso hierárquico impróprio)

1. Considera-se impróprio o recurso hierárquico interposto para um órgão que exerça poder de supervisão sobre outro órgão da mesma pessoa colectiva, fora do âmbito da hierarquia administrativa.

2. Nos casos expressamente previstos por lei, também cabe recurso hierárquico impróprio para os órgãos colegiais em relação aos actos administrativos praticados por qualquer dos seus membros.

3. São aplicáveis ao recurso hierárquico impróprio, com as necessárias adaptações, as disposições reguladoras do recurso hierárquico.

ARTIGO 177.°
(Recurso tutelar)

1. O recurso tutelar tem por objecto actos administrativos praticados por órgãos de pessoas colectivas públicas sujeitas a tutela ou superintendência.

2. O recurso tutelar só existe nos casos expressamente previstos por lei e tem, salvo disposição em contrário, carácter facultativo.

3. O recurso tutelar só pode ter por fundamento a inconveniência do acto recorrido nos casos em que a lei estabeleça uma tutela de mérito.

4. A modificação ou substituição do acto recorrido só é possível se a lei conferir poderes de tutela substitutiva e no âmbito destes.

92 Código do Procedimento Administrativo

5. Ao recurso tutelar são aplicáveis as disposições reguladoras do recurso hierárquico, na parte em que não contrariem a natureza própria daquele e o respeito devido à autonomia da entidade tutelada.

CAPÍTULO III
Do contrato administrativo

ARTIGO 178.º
(Conceito de contrato administrativo)

1. Diz-se contrato administrativo o acordo de vontades pelo qual é constituída, modificada ou extinta uma relação jurídica administrativa.

2. São contratos administrativos, designadamente, os contratos de:

a) Empreitada de obras públicas;
b) Concessão de obras públicas;
c) Concessão de serviços públicos;
d) Concessão de exploração do domínio público;
e) Concessão de uso privativo do domínio público;
f) Concessão de exploração de jogos de fortuna ou azar;
g) Fornecimento contínuo;
h) Prestação de serviços para fins de imediata utilidade pública.

ARTIGO 179.º
(Utilização do contrato administrativo)

1. Os órgãos administrativos, na prossecução das atribuições da pessoa colectiva em que se integram, podem celebrar quaisquer contratos administrativos, salvo se outra coisa resultar da lei ou da natureza das relações a estabelecer.

2. O órgão administrativo não pode exigir prestações contratuais desproporcionadas ou que não tenham uma relação directa com o objecto do contrato.

ARTIGO 180.º
(Poderes da Administração)

Salvo quando outra coisa resultar da lei ou da natureza do contrato, a Administração Pública pode:

a) Modificar unilateralmente o conteúdo das prestações, desde que seja respeitado o objecto do contrato e o seu equilíbrio financeiro;

b) Dirigir o modo de execução das prestações;

c) Rescindir unilateralmente os contratos por imperativo de interesse público devidamente fundamentado, sem prejuízo do pagamento de justa indemnização;

d) Fiscalizar o modo de execução do contrato;

e) Aplicar as sanções previstas para a inexecução do contrato.

ARTIGO 181.º
(Formação do contrato)

São aplicáveis à formação dos contratos administrativos, com as necessárias adaptações, as disposições deste Código relativas ao procedimento administrativo.

ARTIGO 182.º (*)
(Escolha do co-contratante)

1. Salvo o disposto em legislação especial, nos contratos que visem associar um particular ao desempenho regular de atribuições administrativas o co-contratante deve ser escolhido por uma das seguintes formas:

a) Concurso público;

b) Concurso limitado por prévia qualificação;

c) Concurso limitado sem apresentação de candidaturas;

d) Negociação, com ou sem publicação prévia de anúncio;

e) Ajuste directo.

2. Ao concurso público são admitidas todas as entidades que satisfaçam os requisitos gerais estabelecidos por lei.

94 *Código do Procedimento Administrativo*

3. Ao concurso limitado por prévia qualificação somente podem ser admitidas as entidades seleccionadas pelo órgão administrativo adjudicante.

4. Ao concurso limitado sem apresentação de candidaturas apenas serão admitidas as entidades convidadas, sendo o convite feito de acordo com o conhecimento e a experiência que o órgão administrativo adjudicante tenha daquelas entidades.

5. Os procedimentos por negociação implicam a negociação do conteúdo do contrato com um ou vários interessados.

6. O ajuste directo dispensa quaisquer consultas.

ARTIGO 183.º (*)
(Obrigatoriedade de concurso público)

Com ressalva do disposto nas normas que regulam a realização de despesas públicas ou em legislação especial, os contratos administrativos devem ser precedidos de concurso público.

ARTIGO 184.º
(Forma dos contratos)

Os contratos administrativos são sempre celebrados por escrito, salvo se a lei estabelecer outra forma.

ARTIGO 185.º (*)
(Regime de invalidade dos contratos)

1. Os contratos administrativos são nulos ou anuláveis, nos termos do presente Código, quando forem nulos ou anuláveis os actos administrativos de que haja dependido a sua celebração.

2. São aplicáveis a todos os contratos administrativos as disposições do Código Civil relativas à falta e vícios da vontade.

3. Sem prejuízo do disposto no n.º 1, à invalidade dos contratos administrativos aplicam-se os regimes seguintes:

a) Quanto aos contratos administrativos com objecto passível de acto administrativo, o regime de invalidade do acto administrativo estabelecido no presente Código;

b) Quanto aos contratos administrativos com objecto passível de contrato de direito privado, o regime de invalidade do negócio jurídico previsto no Código Civil.

ARTIGO 186.º
(Actos opinativos)

1. Os actos administrativos que interpretem cláusulas contratuais ou que se pronunciem sobre a respectiva validade não são definitivos e executórios, pelo que na falta de acordo do co-contratante a Administração só pode obter os efeitos pretendidos através de acção a propor no tribunal competente.

2. O disposto no número anterior não prejudica a aplicação das disposições gerais da lei civil relativas aos contratos bilaterais, a menos que tais preceitos tenham sido afastados por vontade expressa dos contratantes.

ARTIGO 187.º (*)
(Execução forçada das prestações)

Salvo disposição legal em contrário, a execução forçada das prestações contratuais em falta só pode ser obtida através dos tribunais administrativos.

ARTIGO 188.º
(Cláusula compromissória)

É válida a cláusula pela qual se disponha que devem ser decididas por árbitros as questões que venham a suscitar-se entre as partes num contrato administrativo.

ARTIGO 189.º ([1])
(Legislação subsidiária)

Em tudo quanto não estiver expressamente regulado no presente Código são aplicáveis aos contratos administrativos os princípios gerais de direito administrativo e, com as necessárias adaptações, as disposições legais que regulam as despesas públicas e as normas que regulem formas específicas de contratação pública.

([1]) Aditado pelo DL n.º 6/96.

ÍNDICE

Decreto-Lei n.° 442/91 5
Decreto-Lei n.° 6/96 17

CÓDIGO DO PROCEDIMENTO ADMINISTRATIVO

Parte I – Princípios gerais 21

Capítulo I – Disposições preliminares 21
Capítulo II – Princípios gerais 22

Parte II – Dos sujeitos.. 27

Capítulo I – Dos órgãos administrativos 27
Secção I – Generalidades.. 27
Secção II – Dos órgãos colegiais....................................... 27
Secção III – Da competência 33
Secção IV – Da delegação de poderes e da substituição 35
Secção V – Dos conflitos de jurisdição, de atribuições e de compe-
tência... 38
Secção VI – Das garantias de imparcialidade 39

Capítulo II – Dos interessados.. 42

Parte III – Do Procedimento Administrativo... 45

Capítulo I – Princípios gerais... 45
Capítulo II – Do direito à informação 47
Capítulo III – Das notificações e dos prazos 49
Secção I – Das notificações.. 49
Secção II – Dos prazos 51

98   *Código do Procedimento Administrativo*

Capítulo IV – Da marcha do procedimento 53

Secção I   – Do início 53
Secção II – Das medidas provisórias 56
Secção III – Da instrução 57

Subsecção I   – Disposições gerais 57
Subsecção II – Dos exames e outras diligências 61
Subsecção III – Dos pareceres 62
Subsecção IV – Da audiência dos interessados 63

Secção IV – Da decisão e outras causas de extinção 65

Parte IV – Da actividade Administrativa 69

Capítulo I   – Do regulamento 69

Capítulo II – Do acto administrativo 71

Secção I   – Da validade do acto administrativo 71
Secção II – Da eficácia do acto administrativo 74
Secção III – Da invalidade do acto administrativo 76
Secção IV – Da revogação do acto administrativo 78
Secção V – Da execução do acto administrativo 82
Secção VI – Da reclamação e dos recursos administrativos 85

Subsecção I   – Generalidades 85
Subsecção II – Da reclamação 86
Subsecção III – Do recurso hierárquico 88
Subsecção IV – Do recurso hierárquico impróprio e do recurso tutelar 91

Capítulo III – Do contrato administrativo 92